Contraste insuffisant
NF Z 43-120-14

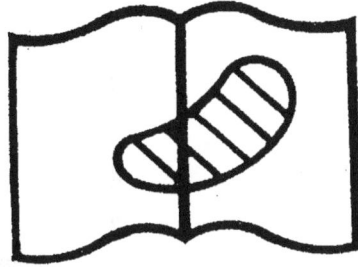

Illisibilité partielle

VALABLE POUR TOUT OU PARTIE DU
DOCUMENT REPRODUIT.

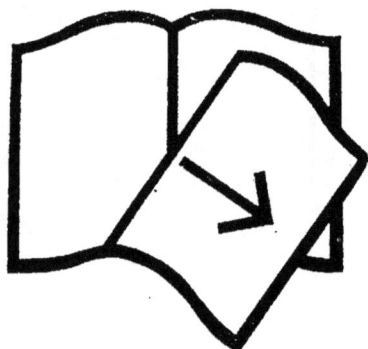

Couvertures supérieure et inférieure
manquantes

INNOCENT III

PHILIPPE DE SOUABE ET BONIFACE DE MONTFERRAT

(2)

TYPOGRAPHIE
EDMOND MONNOYER.

AU MANS (SARTHE)

INNOCENT III

PHILIPPE DE SOUABE

ET

BONIFACE DE MONTFERR.

EXAMEN DES CAUSES QUI MODIFIÈRENT, AU DÉTRIMENT DE L'EMPIRE GREC,
LE PLAN PRIMITIF DE LA QUATRIÈME CROISADE

PAR

Le Comte RIANT

(Extrait de la *Revue des questions historiques.*)

PARIS
LIBRAIRIE DE VICTOR PALMÉ, ÉDITEUR
Rue de Grenelle-Saint-Germain, 25
1875

TIRÉ A 50 EXEMPLAIRES

SOMMAIRE

INNOCENT III

PHILIPPE DE SOUABE ET BONIFACE DE MONTFERRAT

EXAMEN DES CAUSES QUI MODIFIÈRENT, AU DÉTRIMENT DE L'EMPIRE
GREC, LE PLAN PRIMITIF DE LA QUATRIÈME CROISADE.

I

OPINIONS ANTÉRIEURES RELATIVES AU SUJET.

La destruction de l'empire grec, en 1204, par les Latins, a
été une mauvaise action, et de plus, — au point de vue des
intérêts spéciaux que les croisades se proposaient de servir, —
une faute politique irréparable. Jamais le plan qui consistait
à attaquer les Infidèles au cœur même de leur empire, et
à leur enlever, avec l'Égypte, l'entrepôt dont ils tiraient sans
cesse de nouvelles ressources, ne devait trouver réunies autant de conditions de succès. Entrevu par Godefroy de Bouil-
lon, et tenté par Amaury Ier, en 1167 [1], ce plan qui, plus tard,
était entré dans les projets de Richard Cœur de Lion, qui enfin
devait s'imposer, pendant près de cinq siècles, depuis Sanudo [2],

----

[1] V. Heyd, Le colonie commerc. d. Italiani in Oriente, t. II, p. 176.
[2] « Mente conceperat, ut ablatam sibi terram a rege Franciæ recuperare
« valeret, cum magno stolo terram Egypti invadere. » (Sanudo, III, xi, cap. i,
p. 202); cf. Ernoul, p. 338. Outreman (Constantinopolis Belgica, p. 124), prétend, sans indication de sources, qu'au lendemain de la prise d'Acre, ce plan
avait été exposé à Philippe-Auguste, comme le seul redoutable aux Infidèles,
par l'émir Sérakouski, son prisonnier.

1

écho des tardifs repentirs de Venise, jusqu'à Leibnitz, aux
méditations de tous les esprits préoccupés du grand problème
de la destruction ou de l'affaiblissement de l'Islam, — Innocent III, avec ce sens à la fois si élevé et si pratique qu'il avait
des choses de son temps, se l'était approprié, en avait fait
l'œuvre principale de son pontificat, et était parvenu, après
plusieurs années de négociations incessantes, à le faire passer
de la région des hypothèses dans le domaine de la réalité.
Saladin était mort en 1193, et ses héritiers se disputaient son
empire : l'un d'eux même en était arrivé à solliciter, contre
les autres, les secours des chrétiens de Syrie [1], et enfin, coïncidence merveilleuse, cinq années d'interruption des débor-
dements du Nil venaient de réduire, par les horreurs d'une
disette terrible, les populations égyptiennes à la plus cruelle
misère [2].

Au lieu de la conquête facile que, dans ces circonstances
exceptionnelles, l'Égypte, redevenue plus tard assez forte pour
faire échouer et la cinquième croisade, copie mal combinée
de ce qu'eût pu être la quatrième, et l'entreprise de saint
Louis, aurait offerte, appauvrie et ruinée, aux forces immenses
dont disposaient, en 1202, des chefs tels que Baudouin de
Flandre, Hugues de Saint-Paul, Boniface de Montferrat,
Simon de Montfort, — l'expédition, préparée à Venise, aboutit
au pillage et à l'incendie de la seule ville qui eût conservé les
traditions et les monuments de la civilisation antique, et au
démembrement d'un grand empire chrétien, sans pouvoir
remplacer cet empire par quelque chose de plus solide et de
plus durable que des seigneuries éphémères, qui devaient
être, pour les chrétiens de ces contrées, beaucoup moins un
soutien qu'une cause nouvelle et irrémédiable de faiblesse.

Ce ne serait point une tâche difficile que de rebâtir en imagination ce qu'aurait pu être l'histoire de l'Orient, si les projets
d'Innocent III eussent suivi leur cours naturel ; il suffirait, par
exemple, de montrer le commerce italien, fortement implanté
en Égypte, n'ayant plus désormais à craindre les vicissitudes
politiques qui le rendaient auparavant si périlleux, et pouvant
renoncer à ces occupations de cent points fortifiés, à ces

---

[1] V. *Innoc. III Epist.*, XIV, 69.
[2] Abd-Allatif (dans la *Bibl. des Crois.*, t. IV, p. 383) : Guntherus, *Hist. Cons-
tantinopolitana*, n° 8 ; v. Wilken, *Gesch. der Kreuz.*, t. VI, pp. 3 et suiv.

guerres interminables qui finirent par l'épuiser ; puis, de faire
voir les grandes principautés catholiques, nées récemment
de l'action patiente exercée par Rome sur les Bulgares et
les Serbes, se consolidant sur le Danube, et devenant les
alliés naturels et les remparts de la Hongrie; enfin, de faire
assister au spectacle qu'eût pu donner l'empire grec, subis-
sant peu à peu, mais sans rien perdre ni du jeu admirable
de ses institutions administratives, ni de l'auréole dont le
couronnait son histoire, l'influence et la tutelle de voisins
inféodés à la politique latine, les trouvant à ses côtés aux
heures du péril, se transformant à leur contact, et nous trans-
mettant enfin, dans leur intégrité, l'héritage antique dont les
Latins, maîtres de Constantinople, furent les premiers et les plus
barbares dilapidateurs.

Sans entrer dans ces considérations tout à fait hypothé-
tiques, il peut être intéressant de rechercher à qui doit
incomber — quels qu'aient pu être les résultats du changement d'itinéraire des croisés de 1203, — la responsabilité de
ce changement et des événements considérables qui en
furent la suite.

Si nous consultons les témoignages écrits, contemporains
de la quatrième croisade, nous constatons immédiatement la
présence de deux courants tout à fait contraires dans l'opinion
de ceux qui eurent à la juger. En Occident, prédomine le premier, que l'on pourrait appeler le courant *officiel*; il ne voit,
dans les événements de 1204, qu'une aventure aussi glorieuse
qu'inespérée, quelque chose comme la réalisation d'un de ces
rêves brillants, dont abondaient les chansons de gestes;
l'intérêt originel de l'expédition passe au second plan; du
projet si mûrement, si laborieusement combiné par Innocent III, ne survivent plus que de vagues promesses, subor-
données à la consolidation préalable du nouvel empire latin
d'Orient; c'est dans les lettres circulaires des chefs de l'armée,
et surtout dans la chronique de Villehardouin, qu'il faut chercher ces récits triomphants, où Venise mêle son allégresse à
la joie des barons français. Mais à côté des applaudis-
sements de ces *satisfaits*, il y a aussi les réclamations et
les murmures des mécontents : d'abord Innocent III, que
console mal de la ruine de ses projets l'union problématique
des deux Églises, paraît, malgré quelques paroles courtoises

I.

Opinion
des chroniqueurs
contemporains.

adressées aux vainqueurs [1], n'accepter que de mauvaise
grâce, et seulement à titre de fait accompli, le résultat inattendu
de la croisade; puis les chrétiens de Syrie, passés subitement
de l'espoir, presque certain, d'un puissant secours, à une
réalité plus triste que la situation à laquelle on leur avait
promis de porter remède, se font l'écho des imputations les
plus graves contre Venise, accusée par eux de trahison, et
d'entente, à prix d'argent, avec le sultan d'Égypte; Ernoul
et les autres continuateurs de Guillaume de Tyr [2] sont les
interprètes de ces bruits d'outre-mer. Enfin, les petits chevaliers de l'armée victorieuse elle-même, qui n'avaient rien
compris aux résolutions prises au sein de conseils dont ils
étaient exclus, tantôt, comme Robert de Clari [3], soupçonnent,
dans le brusque changement de direction de la croisade,
l'influence secrète de quelque chef, obéissant aux inspirations
d'une rancune, plus ou moins justifiée, contre l'empire byzantin; tantôt, avec Günther et Othon de Saint-Blaise [4], en viennent à ne se regarder eux-mêmes que comme les instruments
passifs de la colère divine, excitée par le schisme et les péchés
des Grecs; tantôt, enfin, comme Pierre de Bracieux, cherchant
à justifier, à leurs propres yeux, une entreprise dont la légitimité leur paraît insuffisante, remontent aux fables de Darès
pour expliquer leur propre présence en Orient [5].

2.
**Appréciation
des historiens
postérieurs.**

Si, des témoignages contemporains, nous descendons aux
appréciations des historiens modernes, nous retrouvons aussi,
engendrées par les deux courants dont nous venons de parler,
deux opinions également très-distinctes : l'une, suivant pas à
pas Villehardouin comme un guide infaillible [6], ne voit, dans

---

[1] Epist. Innoc. III, VIII, 63, publ. par M. L. Delisle dans la Bibl. de l'École
des Ch., t. XXXIV, p. 408.
[2] Ernoul, éd. Mas-Latrie, pp. 344-6; Eracles, l. XVIII, ch. II-III. (Rec. des
Hist. des Crois., t. II, pp. 251-252.); Enfances Salehadin (Ms. Cangé) dans
Buchon, Chron. de Morée, t. I, p. 481.
[3] Rob. de Clari, éd. Riant, pp. 27, 29.
[4] « Fuit autem et alia, ut credimus, causa. divine scilicet bonitatis consi-
« lium, etc. » (Günther, nº 11.) — « Ex illa Dei dispositione processisse cre-
« dendum est quod exercitus noster qui mox, capta Iazira, versus Alexandriam
« tendere festinabat, mutato proposito, huic tante civitati bellum indixit. »
(Günther, nº 12.) V. Othon de St-Blaise (dans Muratori, t. VI, p. 906); Transl.
S. Pauli novi, (dans les AA. SS. Jul., t. II, p. 641).
[5] Clari, p. 81; Günther, nº 19.
[6] Il faut dire que, jusqu'en 1730, époque de la publication par Martène de

tous ces événements, que des faits accidentels, enchaînés un
à un par le hasard, et si, parfois, elle consent à reconnaître
les tristes résultats de l'avortement des projets d'Innocent III, elle se contente de s'en prendre à la fatalité pure et
simple; Ramusio, Maimbourg, Gibbon, Michaud, Wilken,
La Farina, M. Krause [1], suivent, sur ce point, ce que j'appel-
lerai la *théorie de l'accident*, et se répètent avec un accord si
parfait, que l'on serait tenté de regarder leurs conclusions
comme *acquises* à l'histoire, surtout en voyant ces conclusions
reprises tout récemment, rajeunies et défendues, avec autant
de verve que de talent, par l'éminent éditeur de Joinville et
de Villehardouin, M. de Wailly, sur le plaidoyer duquel je me
propose de revenir tout à l'heure.

L'autre opinion, relativement récente, est celle de quelques
esprits plus hardis qui, peu satisfaits de cette manière toute
unie de rendre compte de faits de premier ordre, ont pensé
qu'à quelques années de distance de Frédéric II et de Gré-
goire IX, les intérêts politiques avaient dû jouer, dans des
événements de cette importance, un plus grand rôle que le
chroniqueur champenois ne voulait ou n'avait pu le laisser
voir. En 1836, Hurter, dont l'*Histoire d'Innocent III* renferme
un des meilleurs récits de la quatrième croisade que nous pos-
sédions jusqu'à ce jour, crut, après Sauli [2], devoir se servir du
texte, jusque-là dédaigné, des continuateurs de Guillaume de
Tyr, et, tout en respectant le témoignage officiel de Villehardouin, admettre, comme parfaitement plausible, l'hypothèse
d'une trahison vénitienne [3]. Mais ce fut M. de Mas-Latrie qui,
en 1861, dans son *Histoire de Chypre* [4], un des travaux les plus
considérables auxquels aient encore donné lieu nos anciennes
colonies d'Orient, aborda franchement la question, et, dans les

Bernard le Trésorier, Villehardouin était resté, avec Günther, la source presque
unique de l'histoire de la quatrième croisade.
[1] La Farina, *Studi del secolo XIII* (Bastia, 1857, 2 vol. in-8°), t. I, p. 571;
les *Studi* 5 et 6 contiennent une longue histoire de la quatrième croisade.
Krause, *Die Eroberung v. Constantinopel im XIIIen und XVten Jahr.* (Halle,
1870, in-8°), pp. 31-34; cet ouvrage est un précis clair, mais sans aucun aperçu
nouveau, des deux prises de Constantinople en 1204 et en 1453.
[2] Sauli, *Colonia d. Genovesi in Galata* (1831, 2 vol. in-8), t. I, p. 32.
[3] Hurter, *Hist. d'Innocent III*, tr. Jager, t. I, p. 546; t. II, p. 463. V. P. Medo-
wikoff, *Latinskie imperat. w Constantinopol* (Moscou, 1849, in-8°), p. 5.
[4] *Hist. de Chypre*, t. I, pp. 161-164.

quelques lignes que son sujet lui permettait de consacrer aux événements de 1204, ne craignit pas de battre en brèche l'autorité du maréchal de Champagne. S'appuyant, tant sur des présomptions tirées des modernes historiens de Venise, que sur le texte d'Ernoul [1], dont il passait avec raison, sous silence, les parties invraisemblables ou puériles, il s'attacha à faire retomber sur Henri Dandolo la responsabilité de la ruine des projets d'Innocent III.

Opinion de M. de Mas-Latrie. Suivant M. de Mas-Latrie, « Villehardouin n'avait vu que les « événements publics des négociations de la guerre ; il n'avait « ni su, ni pu pénétrer le but secret auquel tendait le conseil « de la République. La restauration d'Alexis IV avait été un « projet mûrement réfléchi et adopté, à la suite de propo- « sitions formelles adressées par le sultan d'Égypte aux Véni- « tiens. Venise, que les nécessités impérieuses de son com- « merce obligeait à entretenir des relations suivies avec tous « les pays d'entrepôt des marchandises de l'extrême Orient, « n'avait rien changé en apparence aux préparatifs qu'elle « avait faits et au langage qu'elle avait tenu en faveur des « chrétiens de Syrie ; mais elle avait su saisir les premiers « événements favorables et les faire servir à l'accomplissement « de ses propres desseins. » M. de Mas-Latrie arguait, en faveur de sa thèse, du silence embarrassé, et peut-être intéressé, de Marin et de Romanin, sur ce point de la politique vénitienne, et se référait d'ailleurs aux privilèges explicites accordés (1205-1217) [2] par Malek-Adel à la République, considérant ces privilèges comme le prix de la trahison de 1204.

Opinion de M. de Wailly. Mais que devenait alors la véracité et l'autorité de Villehar-

---

[1] Il est nécessaire de donner ici *in extenso* ce texte, sur lequel roule toute la controverse entre M. de Mas-Latrie et M. de Wailly : « Adont s'en ala li « soudans de Babiloine en Egypte pour prendre conseil comment il poroit le « tiere garnir encontre les Crestiens qui en le tiere devoient venir...»(*Suit le récit d'un impôt prélevé sur les biens des mosquées*.) « Puis si fist apareillier mes- « sages, si lor carja grant avoir, puis les envoia en Venise : et si envoia au « duc de Venisse et as Venissiens grans presens, et si lor manda salus et « amistés. Et si lor manda què se il pooient tant faire qu'il detournaissent les « Crestiens, qu'il n'alaissent en le tiere d'Egypte, il leur donroit grant frankise « el port d'Alixandre et grant avoir. Li message alerent en Venise, et firent « bien ce qu'il durent et ce qu'il quisent, et puis si s'en retournerent. » (Ernoul, pp. 345-346.)

[2] Publiée par Tafel et Thomas, *Urkunden sur Gesch. Venedigs*, t. II, pp. 184-193, et M. de Mas-Latrie, *Traités de paix*, App., pp. 70-72.

douin ? Que faire des scènes émouvantes de la basilique de
Saint-Marc ? Fallait-il regarder le loyal chevalier comme ayant
été la dupe ou le complice du vieil Henri Dandolo? M. de Mas-
Latrie s'était gardé de poser et partant de résoudre ce
dilemme, étranger d'ailleurs au travail qu'il poursuivait. Mais
M. de Wailly qui, quelques années plus tard, était parvenu à
restituer avec tant de bonheur le véritable texte de Villehardouin, et cherchait à en faire comme le premier de nos clas-
siques français, voulut accompagner la splendide et définitive
édition qu'il allait en donner par un commentaire original [1],
où l'œuvre du maréchal de Champagne se trouverait, à la fois,
et expliquée, et comparée à quelques récits contemporains et
parallèles, comme ceux de Robert de Clari et d'Ernoul. A propos de ce dernier, il était difficile de passer sous silence, sans
la combattre, une appréciation historique qui, sans mettre
directement en cause l'autorité de Villehardouin, s'était, en
réalité, servi d'Ernoul pour réduire cette autorité à néant.
Aussi, apologiste naturel du chroniqueur auquel il rendait une
vie nouvelle, M. de Wailly crut-il devoir relever le passage,
peut-être un peu oublié, de l'*Histoire de Chypre*, et chercher à
faire justice des assertions de M. de Mas-Latrie. Je voudrais
pouvoir reproduire ici *in extenso* toute cette argumentation
à priori, aussi serrée qu'éloquente : je me contenterai d'en citer
les traits principaux. L'autorité d'Ernoul et des autres continuateurs de Guillaume de Tyr, échos des bruits incertains, des
murmures populaires de la Syrie, doit être regardée comme
nulle ; il suffit, pour le prouver, d'analyser une certaine
fable relative aux impôts prélevés par Malek-Adel sur le clergé
musulman (impôts dont le produit devait servir à acheter la
trahison de Venise), et de conclure de l'invraisemblance de
cette partie du récit à celle du récit tout entier ; le temps nécessaire à la conclusion d'un traité entre la République et le sultan
a fait matériellement défaut ; enfin, toute solidité manque à la
conclusion que M. de Mas-Latrie avait cru pouvoir tirer du
silence de Marin et de Romanin. Ici, M. de Wailly, rejetant,

---

[1] Ce commentaire, lu à l'Académie des inscriptions et belles-lettres en
1873, a paru (août 1874) à la suite d'une édition de luxe de Villehardouin
(Paris, Didot, gr. in-8). M. de Wailly avait bien voulu, six mois auparavant,
me communiquer les épreuves des chapitres consacrés à Ernoul (p. 430-440),
et à Robert de Clari (p. 441-443).

avec les éditeurs mêmes des priviléges égyptiens, la date de ces priviléges à l'année qui précéda la cinquième croisade, ne consent à accorder à ces pièces aucune valeur, en ce qui concerne la quatrième, et met M. de Mas-Latrie au défi de citer un seul document de ce genre, ayant directement trait à des rapports secrets entre Henri Dandolo et les Infidèles. Une lettre d'Innocent III, longtemps perdue, mais récemment retrouvée et publiée par M. Léopold Delisle [1], — lettre dans laquelle ce pape paraît regarder la prise de Constantinople comme un événement favorable à la cause de la Terre sainte, — devient entre les mains de M. de Wailly une sorte d'arme à deux tranchants, avec laquelle il cherche à détruire, à la fois, et l'accusation de trahison impie, formulée par Ernoul contre Venise, et le reproche implicite d'aveuglement adressé par M. de Mas-Latrie à Villehardouin et aux barons latins. Chaque assertion du savant historien des Lusignan est reprise et discutée à fond, de façon à ne rien laisser subsister de l'hypothèse des relations cachées de Venise avec l'Égypte, et l'argumentation entière se termine par cette conclusion : « *Que l'abandon de la route de Syrie par* « *la flotte des croisés fut le résultat imprévu et* ACCIDENTEL *du* « *voyage d'Alexis IV à Venise, et que, parmi les acteurs qui* « *prirent part à la conquête de Constantinople,* IL N'Y EUT NI « DUPES, NI TRAITRES. »

5.

Réalité d'une entente entre les Vénitiens et l'Égypte.

Malgré le peu de place que des termes aussi nets laissent à la défense de toute opinion contraire, on pouvait encore objecter qu'Ernoul n'est point le seul chroniqueur qui s'en prenne à Venise; que, sans parler de Günther [2], dont les paroles, précisément au sujet de l'Égypte, sont pleines d'amertume pour la République, plusieurs documents belges [3] nous offrent des textes analogues à la source syrienne; — qu'au

[1] *Epist.*, VIII, 63; cette lettre est de mai 1205 : elle exprime encore l'espoir très-certain de voir partir pour la Terre sainte les croisés, auxquels Innocent III accorde à cet effet un délai d'un an ; mais il est bon de la comparer à celles du 12 juillet et de fin août de la même année (VIII, 126 et 133), époque à laquelle cet espoir s'était évanoui. Je reviendrai plus loin sur la place et le caractère que je crois convenable d'assigner à ce document.

[2] Günther, n°s 6, 11.

[3] Baudouin d'Avesnes (dans Tafel et Thomas, *Urk. zur Geschichte Venedigs*, t. I, p. 332). *Chron. Flandriæ, ibid.*, p. 206; cf. Galeotto del Carretto, *Cron. di Monferrato* (dans les *Monum. Hist. Patriæ*, t. III, col. 1138); Boiardo, *Istoria imperiale* (d. Muratori, t. IX, p. 417), et Heyd, t. II, p. 182, qui ne combat que mollement l'opinion de M. de Mas-Latrie.

début de la quatrième croisade, Innocent III dut menacer des
foudres de l'Église les Vénitiens, qui se livraient avec l'Égypte
au commerce de la contrebande de guerre [1]; — qu'il le fit sans
succès, et que ce commerce continuait encore en 1209 [2]; —
qu'enfin, même en reportant à 1216 les priviléges égyptiens
(ce qui ne fait que reculer à la cinquième croisade l'accusation
formulée pour la quatrième), il faut remarquer que l'un de ces
priviléges [3] exprime nettement la gratitude du sultan pour des
services rendus *antérieurement*, ce qui rouvre le champ à
toutes les hypothèses.

Il était évident, néanmoins, que, circonscrite ainsi à la question spéciale d'une trahison vénitienne, la discussion, dépour-
vue d'éléments positifs nouveaux, se trouvait forcément
condamnée (plutôt, il est vrai, à l'avantage qu'au détriment de
Villehardouin) à tourner toujours dans un cercle sans issue,
à moins qu'une preuve matérielle du fait énoncé par Ernoul
et commenté par M. de Mas-Latrie ne vînt à surgir inopiné-
ment de l'obscurité de quelque dépôt d'archives. Or le traité
entre le sultan d'Égypte et Henri Dandolo paraît exister
encore ; il aurait été conclu au Caire, le 13 mai 1202,
par une ambassade composée de Marino Dandolo et de Domenico Michieli, et l'émir Sead-Eddin serait venu en chercher à
Venise la ratification. C'est à Karl Hopf, — cet érudit si profondément versé dans l'histoire de l'Orient latin, mais que la mort
vient de surprendre, comme elle avait surpris Buchon , avant
qu'il ait pu ou su mettre en œuvre les immenses matériaux
recueillis par lui dans de longs voyages, — que l'on devrait
cette découverte [4].

---

[1] *Inn. III Epistolæ*, I, 539, cf. XVI, 28. Ce commerce déjà interdit par les
Assises de Jérusalem, ch. XLVII de la Cour des Bourgeois (*Recueil des Hist. des
Crois., Lois.*, t. II, p. 45), le fut plus sévèrement encore par le vingt-quatrième
canon du IIIᵉ concile de Latran (Mansi, XXII, 230) V. Thaddæus Neapolit.
p. XVI; Heyd, t. II, p. 170; Hurter, t. II, p. 740; M. de Mas-Latrie, *Traités de
paix*, Introd., p. 147. App., pp. 1, 45.

[2] (23 nov. 1209.) *Inn. III Epist.*, XII, 142.

[3] Tafel et Thomas. *Urkund. z. Gesch. Venedigs*, t. II, p. 190; pour tous
ces priviléges, voir Heyd, t. II, p. 183.

[4] Ce traité, dont Hopf gardait par devers lui le texte avec un soin trop
jaloux, a été seulement analysé par lui dans le LXXXVᵉ volume de l'*Encyclo-
pédie* d'Ersch et Grüber (Leipzig, 1867, in-4°), p. 188. L'alliance de Venise
avec l'Égypte contre les chrétiens en 1204 n'est nullement d'ailleurs un fait
isolé dans l'histoire de la République ; la même politique se retrouve, en 1503,

Il faudrait donc, quelque séduisante que soit l'argumentation de l'éminent éditeur de Villehardouin, renoncer à en adopter les conclusions, et se résoudre à admettre que, malgré leur sens si pratique, les Vénitiens n'ont pas su comprendre, en cette circonstance, leurs véritables intérêts; que, poussés par une jalousie séculaire à l'endroit des Génois et des Pisans, établis à côté d'eux en Égypte [1], ils ont préféré la satisfaction de leurs rancunes à la réalisation des vœux de toute la chrétienté, et les garanties immédiates du souverain musulman aux espérances, probablement plus aléatoires à leurs yeux, que pouvait leur donner la croisade; qu'en un mot, ils ont doublé leur trahison d'une faute politique [2].

6.
Nécessité de rechercher une autre cause des événements de 1204.

Mais maintenant, une autre question se présente : l'intrigue vénitienne a-t-elle vraiment joué le rôle que lui attribuaient, l'un, en la signalant comme presque certaine, l'autre, en la déclarant tout à fait invraisemblable, les deux savants antagonistes? et, si elle suffit à expliquer la ruine des projets d'Innocent III contre l'Égypte, peut-elle aussi rendre compte des événements qui suivirent? Il y a, en effet, deux points bien distincts dans le changement apporté au plan primitif de la croisade :

1° *L'abandon de la route d'Alexandrie;*

2° *L'attaque et la destruction de l'empire grec.*

Or Malek-Adel s'était, à ce qu'il semble, parfaitement contenté du premier, et n'exigeait, en aucune façon, l'accomplissement du second. Si donc les Vénitiens avaient conduit tout simplement les croisés en Terre sainte (ce qui était l'avis d'un grand nombre de ceux-ci) [3], ils se seraient trouvés avoir exécuté aussi bien leur contrat de nolis que leur traité avec le sultan. Il y aurait eu en Syrie quelque campagne indécise de plus;

à l'occasion des premiers établissements des Portugais dans l'Inde. V. M. de Mas-Latrie, *Traités de paix*, p. 336.

[1] Voir Heyd, t. II, pp. 170, 172, etc : en 1215, suivant Makrizi, on comptait trois mille négociants vénitiens établis à Alexandrie ; cf. Benjamin de Tudèle, éd. Asher, t. I, p. 157 et suiv.

[2] Comme l'avouent les auteurs de l'ouvrage officiel: *Venezia e le sue lagune*, t. I, i, p. 39 : « Arrigo Dandolo fu il più grande uomo del suo secolo, ma il « conquisto di Constantinopoli è una di quelle grandi colpe delle quali sola « ultrice è la storia. »

[3] Villehardouin, n° 95. (Je cite toujours la recension de M. de Wailly, qui porte les mêmes numéros dans les éditions de 1872 et de 1874.) ; *Epist Hugonis S. Pauli* (d. Tafel et Thomas, t. I, p. 304).

l'empire grec eût été sauvé, et les résultats fâcheux de la
quatrième croisade évités au moins en partie. Mais ce n'était
point assez de renoncer à toute agression contre l'Égypte;
l'on a de plus médité et mené jusqu'au bout la ruine de
l'empire d'Orient; c'est là le point capital sur lequel il est
nécessaire d'insister, et que le traité du 13 mai 1202 ne suffit
point à expliquer à lui seul. A moins donc de retomber, encore
une fois, dans la *théorie de l'accident*, ne convient-il pas de
rechercher si l'attaque dirigée contre Constantinople n'est pas
due à des causes différentes, en même temps plus lointaines
et plus élevées, et de laisser l'entente avec Malek-Adel au
nombre de ces motifs secondaires et complexes que l'historien
ne doit jamais négliger, mais qu'il lui est défendu de faire
passer au premier rang, sous peine de se voir traité, avec juste
raison, de paradoxal.

En ce cas, l'étude attentive des événements qui ont précédé
ou accompagné la quatrième croisade, n'amènerait-elle pas à
trouver ces causes premières dans la continuation par Philippe
de Souabe du rôle joué par Henri VI, soit à l'endroit du Saint-
Siége, soit contre l'empire d'Orient? — et à soupçonner, dans le
changement de direction de l'expédition de 1204, aussi bien un
échec porté aux projets du Souverain Pontife qu'un acte de
vengeance contre les Grecs, fruit des rancunes accumulées
dans l'esprit des Allemands, à la suite et des mauvais traitements subis par eux, en Romanie, aux grands passages
de 1096, 1147 et 1190, et de l'immixtion de la cour byzantine
dans les affaires d'Italie, au temps de Manuel Comnène? La
restauration d'Alexis IV devrait alors être considérée comme
due principalement à l'influence du roi des Romains, dont les
croisés n'auraient été que les instruments plus ou moins
inconscients; et, l'on devrait désormais ne voir, dans la conquête de Constantinople, qu'un résultat des combinaisons de la
politique allemande.

C'est ce que je vais chercher à prouver, en m'efforçant de
me tenir de mon mieux en dehors du domaine des hypothèses,
et en laissant, aussi souvent que possible, parler les textes
eux-mêmes.

II

ORIGINE DES PROJETS DE PHILIPPE DE SOUABE.

7.
Préliminaires
de la
IVe Croisade.

C'est à l'élévation d'Innocent III au pontificat qu'il convient de faire commencer l'histoire de la quatrième croisade. Le lendemain de son élection (9 janvier 1198), ce grand pape annonce à Monaco, patriarche de Jérusalem, de nouvelles prédications en faveur de la Terre sainte [1], prédications que, six mois après, il ordonne, d'abord en Italie [2], puis presque aussitôt dans le reste de l'Europe [3]. Quelque temps retardée par l'état hostile des relations de la France avec l'Angleterre, l'organisation de la croisade se trouve brusquement précipitée par un évènement qui eût semblé, au premier abord, devoir en arrêter l'essor, par la mort prématurée (16 avril 1199) de Richard Cœur de Lion, que tout désignait au commandement de l'expédition projetée. En effet, compromis dans la querelle de ce prince avec Philippe-Auguste, les barons français se hâtent, pour échapper aux rancunes de leur suzerain [4], de prendre, en décembre de la même année, la croix, au tournoi d'Écry; pour une raison analogue, Baudouin, comte de Flandre et ses vassaux, font de même le 23 février 1200. Innocent redouble alors ses exhortations [5], et au commencement de l'année 1201, à la suite de plusieurs assemblées de seigneurs français et flamands, six plénipotentiaires sont envoyés à Venise, avec charge d'y noliser une flotte, destinée à porter en Égypte les croisés pendant l'été de 1202. Le contrat de nolis est discuté et signé dans les premiers jours d'avril 1201, rapporté à Troyes au commencement de mai, et enfin, en présence des délégués vénitiens, ratifié par les

---

[1] *Inn. III Epist.*, I, 11.
[2] *Ibid.*, I, 302.
[3] *Ibid.*, I, 336, 345, 355, 358.
[4] « Cruce signati sunt principes, qui, dudum rege Ricardo vivente, a rege Philippo defecerant. » (Alberici *Chron.*, p. 418.) V. Jacques de Guise, l. XIX, c. xi, t. III, p. 272.
[5] *Inn. III Epist.*, II, 269, 271, 305; cf. Potthast, *Regesta*, nos 1365, 1433-5, 1438; Rog. de Hoveden, IV, p. 165.

barons rassemblés à Corbie (mi-mai) ; Thibaut de Champagne est en même temps élu par eux chef de l'expédition : tout semble donc s'organiser sans obstacle, et la nouvelle du départ prochain se répand dans l'Europe entière, et jusqu'en Orient.

Ce prélude ressemble à tous ceux des croisades qui précédèrent ou suivirent la quatrième, et il ne saurait être téméraire de penser que, si rien ne fût venu troubler ces préparatifs, il en eût été de l'expédition de 1202 comme de toutes les autres. Mais, à peine élu chef des barons, Thibaut, qui avait été le champion le plus ardent et le soutien financier de ces projets, meurt subitement le 24 mai 1201 : ce trépas inopiné jette le désarroi dans les conseils des croisés, qui semblent avoir perdu, avec le comte de Champagne, leur véritable centre d'action ; le payement des à-compte promis aux Vénitiens reste en souffrance ; on colporte de cour en cour, et sans pouvoir la faire accepter par personne, la succession de Thibaut ; tout paraît compromis, et il se manifeste un temps d'arrêt sensible dans la marche naturelle des événements. Puis, tout à coup, après ce temps d'arrêt, les faits vont se précipitant, mais pour prendre une direction bien différente de celle qu'ils paraissaient devoir suivre au début, et pour aboutir, en définitive, le 25 mai 1203, au départ, pour Constantinople, de la flotte et de l'armée destinées à la conquête de l'Egypte.

C'est donc entre ces deux dates, — 24 mai 1201 et 25 mai 1203, — qu'il faut chercher les traces de la lutte, plus ou moins latente, qui dut nécessairement se livrer entre Innocent III, promoteur et chef suprême de la croisade, et les influences qui furent assez puissantes pour en modifier, malgré lui, l'objectif. Ici se présentent naturellement deux noms hostiles à la politique pontificale, ceux de Philippe de Souabe, roi des Romains, et du doge de Venise représentant les conseils de la République. Mais avant de rechercher s'il y eut réellement lutte entre Innocent III et l'un ou l'autre de ces deux adversaires, au sujet de la direction à donner aux croisés, et quel rôle, en ce cas, il conviendrait d'assigner à ces trois pouvoirs dans les événements de 1202-1203, il est nécessaire d'exposer, en peu de mots, quelle était, au lendemain de la mort du comte de Champagne, l'attitude de chacun d'eux par rapport aux autres, et aussi à l'endroit de l'empire grec, qui, dans l'hypothèse que je vais discuter, se serait trouvé l'enjeu, et aurait été, en fin de compte, la victime de leur conflit.

Innocent III plaçait, avant toute autre préoccupation, la défense des intérêts de la foi en Terre sainte; il suffit de parcourir ce qui nous reste de la correspondance de ce pontife infatigable, pour en être convaincu. C'est à cette préoccupation qu'est subordonnée toute sa politique en Occident; qu'il cherche à réconcilier les fils du roi de Hongrie, ou à pacifier les États italiens du jeune Frédéric II, son pupille, c'est l'Orient qu'il a en vue, ce sont les secours qu'une fois arrachés à leurs luttes intestines peuvent lui apporter les Hongrois ou les Siciliens; qu'il intervienne entre Philippe-Auguste et Richard Cœur de Lion, et arrive, après de longues négociations, à amener une trêve entre ces deux rivaux, c'est qu'il espère que l'un ou l'autre, tous les deux, peut-être, reprendront le cours, si fâcheusement interrompu, des succès de la troisième croisade. En Allemagne, s'il consent, pendant trois années entières, à temporiser avant de prendre parti pour Othon IV, représentant des traditions guelfes, contre Philippe de Souabe, héritier aussi bien des titres que de la politique de Henri VI, s'il va jusqu'à suspendre les effets de l'excommunication lancée en 1197 par Célestin III contre cet adversaire de l'Église, c'est dans l'attente, il est vrai, toujours déçue, qu'un arrangement amiable finira par intervenir entre les deux prétendants, et qu'organisée et poursuivie sur le théâtre même de la guerre civile, la prédication de la croisade aura, la paix une fois faite, le résultat accoutumé de détourner contre les Infidèles le trop plein des forces des belligérants; s'il se décide enfin, en désespoir de cause, comme il vient de le faire (janvier et mars 1201) [1], à se déclarer ouvertement pour Othon, et à frapper Philippe des foudres de l'Église, c'est qu'il croit fermement au triomphe prochain du premier, et attend, avec la soumission du second, une période pacifique, favorable à l'accomplissement de ses desseins. Il est tout prêt, d'ailleurs (comme il le montrera, plus tard, en 1207), à entrer en négociations avec l'ennemi héréditaire du Saint-Siége, pour peu que quelque espoir lui soit donné du côté de l'exécution de ses projets favoris.

[1] *Inn. III Epist. (Regest. Imp.,* nos 30, 31, 45, 48), et Potthast, *Reg. Pont.*, no 1215.

Avec Venise, sans être précisément hostiles, les relations d'Innocent III n'offrent rien de cordial. Le pape n'aime point ces gens « absorbés par les soins de leur marine et de leur commerce [1], » et sourds à toutes les exhortations du Saint-Siége en faveur des chrétiens d'Orient [2], à moins, chose rare, qu'ils ne trouvent dans les expéditions d'outre-mer quelque profit à faire ou quelque privilège nouveau à extorquer. Innocent III est, d'ailleurs, parfaitement au courant du zèle qu'ils mettent à entretenir avec les Infidèles des relations commerciales suivies, et à fournir, au besoin, ces derniers de toutes les marchandises de guerre dont les lois ecclésiastiques [3] prohibent le trafic. D'autre part, dès la fin de 1199, il s'est fait envoyer par Monaco, patriarche de Jérusalem, un rapport complet sur les forces et les ressources des Sarrasins [4], et, tant de ce rapport que de renseignements reçus du patriarche melchite d'Alexandrie [5], il a conclu à l'utilité incontestable d'une attaque directe contre l'Égypte ; enfin il a imposé, par l'intermédiaire de Pierre Capuano [6], son légat, ce plan aux barons français, et ceux-ci, à leur tour, l'ont fait insérer dans le texte du contrat de nolis de 1201 [7]. Il ne peut donc voir, sans inquiétude, l'antagonisme naturel des termes de ce contrat avec les intérêts et les habitudes invétérées de

---

[1] « Veneti navigiis et mercimoniis solum intenti. » (*Inn. III Epist.*, I. 539.)
[2] « Qui gloriantur cum male fecerint et exsultant in rebus pessimis. » (*Gesta Inn. III*, n° 86.)
[3] Voir plus haut, p. 15, note 1.
[4] Suivant les *Gesta Inn. III* (n° 46), le cardinal Soffredo Cajetani, envoyé à Venise en août 1198 (*Inn. III Epist.*, I, 336), aurait déterminé le doge et un grand nombre de Vénitiens à prendre la croix : mais la lettre I, 539, et celle du 8 mai 1201, qu'a publiée l'abbé Nicoletti (Padova, 1859) démontrent que la bonne volonté de Venise, à cette époque, n'avait été qu'apparente, et, en tous cas, éphémère.
[4] 1199, sept. (*Inn. III Epist.*, II, 189.) C'est à tort que Hurter (t. I, p. 668) reporte à l'année 1214 l'arrivée à Rome de ce rapport, dont l'original latin a été imprimé plusieurs fois sous le titre de *Relatio de viribus Agarenorum*, et dont la version française contemporaine, déjà publiée par Sinner (*Catal. cod. mss. Bern.*, 1770, in-8, t. III, pp. 344-363) vient d'être donnée comme inédite par Hopf, sous le titre de *Devision de la Terre d'Outremer*, dans ses *Chroniques Gréco-Latines*, pp. 29-34. (Voir mon édition de Monachus, pp. 63, 64.)
[5] Cf. *Inn. III Epist.*, XIV, 146, 148; XV, 34 : Le Quien, *Oriens Chr.*, t. II, p. 490; *AA. SS. Bol.*, Jun. VII, p. 83.
[6] Je dis Pierre *Capuano*, et non Pierre *de Capoue* ; les Capuano étaient une ancienne famille patricienne d'Amalfi. V. Camera, *Storia d'Amalfi*, pp. 245 et suiv.
[7] Cf. Villehardouin, n° 30.

la République, et ce n'est qu'à son corps défendant, et seulement après le refus formel des Génois et des Pisans [1], dont il
eût de beaucoup préféré le concours [2], qu'il consent, en con-
firmant le pacte des barons avec les Vénitiens, à se servir
de ces dangereux auxiliaires ; encore la confirmation qu'il se
décide à accorder n'est-elle que conditionnelle, et a-t-il soin
de stipuler que l'exécution du traité ne pourra donner lieu à
aucune attaque contre les puissances chrétiennes, et restera
d'ailleurs soumise à la continuelle surveillance de son légat [3].

Si maintenant nous passons aux rapports d'Innocent III avec
la cour de Byzance, nous retrouvons encore la même préoccupation à l'endroit de la croisade et des chrétiens d'Orient.
Le pape semble affecter de vouloir rester étranger aux révolutions de palais et aux intrigues de la ville impériale ; il
accepte les faits accomplis, et traite l'usurpateur Alexis III avec
les égards dus à un souverain légitime ; il entretient un vicaire
à Constantinople [4], et, chaque année, s'échangent entre les
deux Romes des ambassades solennelles [5]. Innocent discute
avec patience la question toujours pendante de la réunion des
deux Églises [6], ne demandant à Alexis III, pour prix de cette
inaltérable bienveillance, que de prendre à cœur les intérêts
de la Terre sainte et d'y envoyer des secours efficaces [7], au
lieu de chercher querelle, pour la possession de Chypre, à
Amaury de Lusignan [8]. Il ne reçoit de l'empereur et du patriarche de Constantinople que des réponses ambiguës et évasives,
ou hautaines et discourtoises [9] ; mais sa longanimité ne se
lasse point, et l'année 1201 le retrouve encore négociant, soit
en faveur de l'union, soit pour l'affaire de Chypre, à laquelle il

[1] Clari, p. 8; v. *Gesta Inn. III*, n° 46, Hurter, t. I, p. 428.
[2] V. *Inn. III Epist.*, IX, 198.
[3] « Conventiones illas ita duceret confirmandas, ut videlicet ipsi *christianos non læderent*... apostolicæ Sedis legati consilio accedente. » (*Gesta*,
n° 84); cf. 95. — « Credimus etiam te novisse qualiter nuntiis tuis qui ad sedem
apostolicam cum crucesignatorum nuntiis accesserunt, petentibus pactiones
inter vos initas confirmari, et per eos tibi et Venetis duximus inhibendum
ne... læderetis..., etc. » (*Inn. III Epist.*, VII, 18; VI, 101; VIII, 133.)
[4] *Inn. III Epist.*, II, 212, 213.
[5] *Gesta Inn. III*, n° 60.
[6] *Inn. III Epist.*, II, 209, 211 ; Potthast *Regesta*, n° 1278.
[7] *Ibid.*, I, 354, 355 (1198, août 1-15).
[8] *Ibid.*, d. Migne, I, p. cxxiij; cf. Potthast, n° 1222.
[9] *Ibid.*, II, 206, 210.

avait intéressé, deux ans auparavant, les rois de France et d'Angleterre [1].

Si la défense des chrétiens d'Orient était l'affaire principale vers laquelle convergeaient tous les efforts d'Innocent III, cette défense n'entrait dans la politique de Venise que comme une question accessoire, et plus gênante que lucrative. Comme nous venons de le voir, les intérêts de leur commerce dominaient, dans l'esprit des Vénitiens, toute autre considération, même d'un ordre plus élevé. En Occident, le rôle que leur commandait impérieusement le soin de ces intérêts, était une neutralité prudente dans les conflits qui pouvaient passionner leurs voisins. Il ne faut donc point s'étonner de les voir, en 1201, montrer autant d'indifférence pour les compétitions qui agitaient l'Allemagne, que peu de souci des exhortations d'Innocent III. Le traité de nolis d'avril 1201 n'apparaît en ce moment et n'est probablement encore considéré par eux que comme une bonne affaire, tout à fait étrangère aux combinaisons de leur politique, et, si peut-être ils projettent déjà de le mettre à profit pour châtier une bonne fois les habitants des côtes de la Dalmatie, ils affectent de sembler ignorer que le roi de Hongrie a accepté le protectorat de ces dangereux pirates.

Mais tout autre est leur attitude à Constantinople : là, est une des sources indispensables de leur vie commerciale; là, chaque changement de dynastie, chaque modification politique apporte, dans leurs affaires, un trouble dont Venise elle-même ressent presque aussitôt le contre-coup. Ce n'est pas le lieu de faire ici l'histoire, aujourd'hui suffisamment connue [2], des relations de l'empire grec affaibli avec les orgueilleux marchands de l'Adriatique. Il convient seulement de rappeler qu'après avoir obtenu d'Isaac II en 1187 (février) [3] et 1189 (juin) [4], outre des priviléges importants, la promesse d'une indemnité considérable [5] pour les pertes que leur avait fait subir Manuel Comnène, les Vénitiens avaient conclu

[1] *Inn. III Epist.*, II, 251.
[2] Voir surtout Armingaud, *Venise et le Bas-Empire* (Paris, 1868, in-8°), et Heyd, *Op. cit.*
[3] Tafel et Thomas, t. I, pp. 179 et suiv.; 189 et suiv.; 195 et suiv.
[4] *Id.*, t. I, pp. 206 et suiv.
[5] « XIV centenaria hyperperorum. » (*Id., ibid.*); cf. Nicetas, p. 712.

9.
Venise.

avec l'Empire un traité d'alliance, ou plutôt un contrat de service maritime, en vertu duquel ils devaient, à de certaines
conditions, mettre leur flotte à la disposition de Byzance, *même
dans le cas d'une guerre contre l'empire germanique* [1]; qu'en
1199, ils étaient parvenus, après de longs pourparlers, à
arracher, par intimidation [2], à Alexis III, frère d'Isaac II, la
confirmation de ce traité [3], mais qu'ils s'étaient bien vite aper-
çus, par la rigueur avec laquelle ce prince faisait percevoir les
droits de douane, et par les prétextes dont il usait pour ne point
acquitter le restant de l'indemnité promise en 1189, que l'on
ne cherchait qu'à les jouer, et à éluder les obligations du contrat. Enfin ils venaient d'apprendre que, partie de Gênes le
4 mai 1201 [4], sur l'invitation formelle d'Alexis III [5], une
ambassade, à la tête de laquelle était placé Ottobono della
Croce, avait engagé des négociations avec l'empereur pour la
concession de privilèges de nature à entraîner la ruine du
commerce de Venise en Romanie [6]. J'ajouterai, en dernier
lieu, que si, déjà, depuis longues années, les doges n'étaient
plus que les chefs des conseils et les exécuteurs passifs de la
politique séculaire de la République, cependant l'âge, l'habileté
extrême, le passé glorieux d'Henri Dandolo lui avaient donné
une autorité personnelle toute spéciale; or rien n'égalait la
haine de ce personnage contre la cour de Byzance, depuis qu'il
s'y était trouvé, en 1172, en butte à ces mauvais traitements
que l'on a voulu rejeter au rang des fables [7], mais que des

[1] Tafel et Thomas, *l. c.*
[2] And. Dandulus (d. Murat. XII, p. 318).
[3] Tafel et Thomas, t. I, p. 246 et suiv.; voir Heyd, t. I, pp. 83, 85. M. Armingaud (*Op. cit.*, p. 424-426) a publié la commission donnée par Henri Dandolo
aux négociateurs de ce traité. Il résulterait de la comparaison entre cette
commission et le traité lui-même, que le doge avait alors demandé la sup-
pression de la clause relative à l'empire d'Allemagne, et que les ambassadeurs
ne purent rien obtenir, puisque cette clause est reproduite dans leur *juramentum.*
[4] Sauli, *Colonia d. Genovesi in Galata.* (Docum. n° 7, t. II, p. 195.) Cf.
Heyd, pp. 73, 78, 79.
[5] Desimoni, *Quartieri d. Genov. a C. P.* dans le *Giornale ligustico*, 1874,
t. I, p. 167.
[6] Ces pourparlers aboutirent au privilège du 13 oct. 1202. (*Acta Græca*, éd.
Müller, t. III, pp. 49 et suiv.); cf. Desimoni, p. 168. Les Génois témoignèrent
leur gratitude à Alexis III en l'aidant plus tard à se sauver de Montferrat, où
l'avait enfermé Boniface.
[7] Romanin, *Storia di Venez.*, t. II, pp. 96, 98; Hurter, t. I, p. 474.

témoignages incontestables ont fait rentrer de nouveau, et tout récemment, dans le domaine de la réalité historique [1].

10.
Philippe de
Souabe.

La situation de Philippe de Souabe n'avait peut-être jamais été plus mauvaise qu'au moment de la mort du comte de Champagne ; l'excommunication solennelle dont il venait d'être frappé (1er mars 1201), avait eu des effets plus prompts et plus désastreux qu'il ne paraissait s'y attendre ; elle avait détaché du parti souabe un grand nombre de princes ecclésiastiques ou laïques [2]. Plusieurs, pour échapper aux résultats de la sentence, sans pourtant manquer au serment qu'ils avaient prêté à Philippe, s'étaient empressés de prendre la croix : ainsi venaient de faire les évêques de Halberstadt et de Bâle, l'abbé de Pairis en Alsace, le duc d'Autriche et de nombreux comtes et seigneurs [3] ; c'étaient autant de soutiens perdus pour le roi des Romains, car ceux mêmes qui ne donnaient pas à leur vœu une suite immédiate, s'abstenaient de prendre une part active à la guerre. Même désarroi s'était produit dans les vassaux ou les alliés de la maison de Souabe, sur la rive gauche du Rhin. En France, où l'on reconnaissait le fils de Frédéric Ier comme empereur légitime [4], Philippe-Auguste, que sa haine contre l'Angleterre avait fait l'adversaire naturel d'Othon, neveu de Richard Ier et de Jean sans Terre, paraissait, sous la pression du légat du pape et dans l'espoir d'obtenir la légitimation de ses enfants [5], faiblir dans ses sentiments envers Philippe de Souabe, et ouvrir l'oreille aux suggestions de Rome [6]. En Italie, les Gibelins s'épuisaient dans des guerres intes-

---

[1] Voir Hopf, dans Ersch et Grüber, t. LXXXV, p. 190.

[2] *Inn. III Épist.* (*Regest. Imp.*, n° 36.), Potthast, n° 1303. Cf. Hurter, t. I, p. 442.

[3] Ces croisés appartenaient principalement aux pays rhénans : cependant il y en eut en Bavière (Hormayr, *Die Bayern im Morgenl.*, p. 48). M. Otto Abel (*König Philipp*, Berlin, 1852, in-8°, p. 199) dit que les Allemands ne prirent qu'une faible part à la quatrième croisade : mais il ne tient compte ni des croisés, vassaux de l'Empire, ni du grand nombre de ceux qui allèrent directement en Terre sainte, ou revinrent sur leurs pas pour ne point prendre part à l'attaque contre les croisés de Zara. Günther parle toujours de : *Signatorum magna multitudo, signatorum exercitus* (Günth. n°° 4 et 5). Cf. *Ann. Marbacenses* (d. Pertz, XVII, 170) , et ce que Joseph ha Coben (*Emek Habacha*, éd. Wiener, pp. 37 et suiv.), dit du grand nombre des croisés autrichiens.

[4] Clari, p. 3.

[5] *Opera Inn. III*, éd. Migne, t. I, p. 1192.

[6] *Inn. III Épist.* (*Regest. imper.*, n°° 47 et 48.)

tines, et l'influence allemande était prête à succomber sous les
coups du croisé Gauthier de Brienne et de ses compagnons,
ouvertement favorisés par Innocent III. Enfin la guerre sainte,
œuvre de prédilection de ce pontife, s'organisait de tous côtés
avec rapidité, et menaçait Philippe — non plus seulement de
désagréger son parti en Allemagne, ou d'accroître, en Italie, les
forces de Gauthier, dont les relations avec les barons français
n'étaient point un mystère [1], — mais, ce qui pouvait devenir
autrement dangereux, d'apporter au prestige spirituel du pape,
l'appoint immédiat d'une force matérielle considérable, toute à
sa dévotion, et de mettre plus tard, en cas de succès, hors de
toute discussion l'autorité politique du chef de l'Église. Dans
de telles circonstances, absorbé par les soins incessants de sa
défense personnelle, mis au ban de l'Europe entière, Philippe
pouvait-il songer à s'occuper des affaires de l'Orient et à tourner sa pensée vers Constantinople? Tout semble, au premier
abord, autoriser à préjuger le contraire; et cependant, contre
toute vraisemblance, c'est de ce côté que la politique du prince
souabe, réduite aux ressources de l'intrigue, va trouver l'arme
secrète dont il se servira pour frapper au cœur le parti guelfe,
en retournant contre Innocent III la croisade si laborieusement préparée par ce pape. Pour pénétrer les manœuvres
habiles dont sut en cette circonstance user le fils de Frédéric Ier, remontons un instant en arrière, et cherchons quels
avaient été, pendant le XIIe siècle, les rapports de l'Allemagne
avec Constantinople.

On peut dire qu'entre les Allemands et les Grecs, il y avait
antipathie radicale d'idées et de mœurs. Il est évident que
l'élégance byzantine ne pouvait s'accommoder de la rudesse,
du ton exigeant, des habitudes grossières de ces gens
qui ne quittaient point, sans les avoir saccagés, les palais où
l'hospitalité leur était offerte [2], et se raillaient, en termes si
choquants, du luxe efféminé de la cour impériale [3], et que, par
contre, l'orgueil allemand avait de la peine à se plier à l'éti-

---

[1] Villehardouin, n° 33; cf. n° 54.
[2] « Quando per curiam in palatio ipso positi fuerunt Allemanni ad hospi-
« tandum, qui palatium ipsum penitus devastaverunt. » (*Commissioni di
Ottenibuono di Croce* (1201), dans Sauli, t. II, p. 196). Il s'agit là de l'ambassade
allemande de 1196 logée au palais de Kalarma; cf. Inn. III *Epist.* II, 210.
[3] Nicétas, *de Alexio Ang.*, t. I, c. VII, pp. 627 et suiv.

quette compliquée et humiliante dont on se plaisait à l'embarrasser, à supporter, sans mot dire, les formes dédaigneuses
qu'affectait la chancellerie impériale à l'égard des princes germaniques [1], surtout enfin à ne point garder rancune de toutes
les fourberies diplomatiques dont on usait sans cesse à leur endroit, et auxquelles ils se laissaient toujours prendre. Comment
expliquer alors que, malgré cette antipathie et ces mutuels
griefs, les Allemands semblent cependant avoir été, de toutes
les nations de l'Occident, celle qui ait entretenu, pendant le
XIIᵉ siècle, avec Constantinople, les rapports les plus suivis ?
Comment se fait-il que nous voyions des ambassades perpé-
tuelles s'échanger entre les deux cours [2], et des projets de
mariage, sans cesse ébauchés [3], aboutir plus d'une fois à ces
unions bizarres [4], d'ailleurs stériles en résultats politiques
effectifs, qui venaient mêler au sang antique des barbares allemands, celui des élégants parvenus de Byzance ? qu'enfin nous
trouvions, établie à Constantinople, toute une population allemande, avec ses églises [5], son *embolon* [6], et une place importante dans les rangs de l'armée impériale ? C'est que, pendant la
durée entière du XIIᵉ siècle, il y eut, entre les intérêts des deux
empires, des points de contact forcés, incessants, qu'il est
facile de constater, après les avoir groupés autour de trois faits
principaux : le passage des croisés allemands par Constanti-

---

[1] Frédéric Barberousse fut le seul à qui, sous la pression des circonstances
(en 1189), on consentit à donner le titre d'empereur.

[2] 1115, Ambassade à Constantinople de Burchard, év. de Münster. — 1135.
Ambassade grecque à Mersebourg. — 1136, A. d'Anselme de Havelberg à
C. P.— 1137, A. grecque près de Lothaire.— 1146, A. allemande à C. P.— 1157,
de Wibald à C. P. — A. grecque à Würzburg.— 1167, A. de Henri, duc d'Autri-
che, à C. P. — 1170, A. de Conrad, archev. de Mayence, à C. P. — 1188, A. de
Jean Ducas à Nuremberg.— A. de l'évêque de Münster et du comte de Nassau à
C. P. — 1196, A. allemande, à C. P. — 1197, A. d'Eumathios Philokalès en
Allemagne.

[3] 1155 mai, Manuel tente de faire épouser sa nièce à Frédéric Iᵉʳ, et, en 1179,
sa fille à Henri fils de Frédéric.

[4] 1144, Manuel épouse Berthe de Sulzbach (Irène), belle-sœur de l'empereur
Conrad. — 1165, Henri, duc d'Autriche, Théodora, nièce de Manuel. — 1197,
Philippe de Souabe, Irène-Marie, fille d'Isaac II. — Pour tous ces faits et les
précédents, le tome I de l'*Essai de chronographie Byzantine* de M. de Muralt
(Bâle, 1871, in-8°) est un guide commode, mais dont il ne faut user qu'avec précaution, les renvois aux sources y manquant la plupart du temps d'exactitude et de clarté.

[5] Otto Frising., I, 23.

[6] Chrysobulle d'Isaac II (1189), dans Tafel et Thomas, t. I,208. Cf. Günther.
n° 18.

nople, l'immixtion des Comnènes dans les affaires d'Italie, et
la revendication de Thessalonique par Henri VI, en sa qualité
de roi de Sicile.

L'histoire du passage des croisés allemands à Constantinople est celle des croisades allemandes elles-mêmes. Pour les
habitants du centre de l'Europe, Byzance était une étape naturelle de la route de la Terre sainte; comment, en effet, parler
d'une circumnavigation dangereuse à des troupes qui, partant
des sources du Danube, n'avaient qu'à descendre ce fleuve pour
se trouver en Romanie? Que les croisés français eussent,
malgré les frais et les dangers du passage par mer, quelque
intérêt à partir de Marseille ou de l'un des ports italiens; que
les Anglais, les Flamands et les Scandinaves, rompus aux périls
de la navigation, prissent la voie si longue du détroit de
Gibraltar, Constantinople n'en restait pas moins, pour les
croisés allemands, le chemin, sinon le plus sûr, du moins le
plus direct et le moins coûteux, pour gagner Jérusalem; et
la meilleure preuve de cette assertion, c'est que, malgré tous
les déboires qu'ils y essuyèrent, ils ne surent ou ne voulurent
jamais en prendre d'autre. L'on n'a point, je crois, tenu assez
de compte de l'importance *numérique* des croisades allemandes; cela tient au peu de résultats *effectifs* qu'elles ont
pu produire; mais, si l'on additionnait les chiffres que nous
donnent les *passages* successifs de la première croisade, les
troupes amenées par Conrad et Frédéric Ier, enfin toutes les
expéditions isolées qui eurent lieu dans l'intervalle de ces trois
grands mouvements d'hommes, on serait effrayé du contingent
énorme que l'Allemagne fournit aux armées de la Croix [1]. Or
tout passa par Constantinople, sans jamais y recevoir d'autre
accueil qu'une résistance plus ou moins ouverte, accompagnée
de tous les raffinements de félonie, de ruse et d'espionnage
que comportait le caractère byzantin [2]. Sur ce point, l'aveu des
chroniqueurs grecs, même de ceux que leur situation admi-
nistrative rendit, comme Nicétas, complices ou tout au moins
spectateurs passifs de ces mauvais traitements, est formel et
sans réplique. En 1096, les bandes de Folknar, d'Hermann et

---

[1] Il fallut les croisades de Prusse, dotées, pour la première fois en 1218,
des indulgences de Terre sainte, pour détourner, vers l'Europe orientale, les
secours que l'Allemagne envoyait auparavant en Syrie.
[2] V. Othon de Saint-Blaise (dans Muratori, t. VI, p. 906.)

du comte Emicon, trouvent la mort en Romanie. En 1101, cent mille croisés allemands sont livrés aux Turcs par Alexis Comnène [1], et, l'année suivante, le même sort attend ceux qu'avaient amenés l'archevêque de Milan et le connétable Conrad [2]. C'est son propre beau-frère, l'empereur Conrad, dont, en 1147, Manuel Comnène, malgré des traités solennels jurés de part et d'autre, envoie l'armée immense périr de faim et de misère dans les déserts de l'Asie Mineure. En 1189, ce n'est que les armes à la main que Frédéric Ier parvient à se frayer un passage vers la Cilicie. Enfin, tout récemment, jetés par la tempête sur les côtes de la Grèce, les restes de la croisade allemande de 1197 sont pillés et mis à rançon, sur les ordres d'Alexis III [3].

Quelle tradition effroyable de haine avait dû s'accumuler, à l'époque où nous nous trouvons, dans le cœur de toutes les familles germaniques, dont les membres avaient été les victimes de ces désastres successifs! L'émotion populaire, émotion encore si vivace bien des siècles plus tard, que causa la mort de Barberousse, ne devait-elle point s'associer dans l'esprit des Allemands à une soif ardente de vengeance contre ceux que l'on pouvait si facilement rendre responsables de l'issue malheureuse de la croisade du grand empereur? D'ailleurs, beaucoup des compagnons de Frédéric Ier, aussi bien que de ceux de l'archevêque de Mayence, n'étaient-ils pas encore là, pour entretenir par leurs récits les sentiments que la conduite des Grecs devait inspirer à l'Allemagne?

En Italie, où les Comnènes n'avaient point perdu l'espoir de ressusciter le *thème* de Longobardie, et parlaient même de réunir les deux empires [4], dont leur chancellerie n'avait jamais reconnu officiellement la séparation, ils s'étaient constamment, malgré leur opposition religieuse à la suprématie romaine, montrés les soutiens du parti guelfe, et avaient été, pour les empereurs germaniques, des ennemis d'autant plus dangereux qu'ils agissaient presque toujours à la sourdine, excitant

[1] Ekkehardus Uraug. ad. ann. 1101.
[2] *Id.* ad. ann. 1102.
[3] *Inn. III Epist.*, I, 336; Arnold. Lub., V. cap. IV.
[4] En 1111, Alexis Ier offre au pape de se faire couronner par lui; en 1174, Manuel demande à Alexandre III de le reconnaître comme empereur d'Occident.

sous main la cour de Rome à user sans crainte de ses armes spirituelles [1], et soudoyant, à deniers comptants, la rébellion des cités italiennes [2].

Tout le règne de Frédéric Ier est rempli par les embarras que Manuel Comnène suscite sans relâche à la politique allemande; et parfois, non content de ces manœuvres sournoises, l'empereur grec va jusqu'à combattre ouvertement Barberousse [3], lui réclamant la Pouille, tantôt comme dot de l'impératrice Irène (Berthe de Sulzbach) [4], tantôt comme possession ancienne et légitime de l'empire d'Orient.

De leur côté, des princes comme les Hohenstaufen ne pouvaient laisser les Grecs reprendre à leur profit cette idée de la réunion des deux empires, sans se l'approprier eux-mêmes pour s'en servir contre leurs adversaires. C'est Henri VI, le premier, qui paraît avoir ainsi voulu retourner contre Byzance cette chimère de la domination universelle, et s'être mêlé, dans ce but, aux révolutions intermittentes qui agitaient Constantinople. Dans un texte très-important, un chroniqueur contemporain, Othon de Saint-Blaise, nous montre, en 1195, le fils de Frédéric Ier surveillant, de Palerme où il venait de recueillir, à main armée, la succession des rois normands de Sicile, les derniers jours du règne d'Isaac II, envoyant à ce prince des auxiliaires armés dont les instructions secrètes sont de l'abandonner à l'improviste aux fureurs d'Alexis III [5], et profitant aussitôt du désarroi causé par ce changement de gouvernement, pour envoyer à Byzance une ambassade insolente qui arrive au double résultat d'obtenir secrètement d'Isaac II prisonnier une renonciation de tous ses titres à l'empire en faveur de sa fille, belle-sœur de Henri VI [6], et d'arracher ouvertement à Alexis III, en

---

[1] Alexis Ier excite Pascal II contre Henri V ; Manuel, en 1155, empêche Adrien IV de couronner Frédéric Ier.

[2] En 1161 et 1176, la ligue lombarde, en 1163, Ancône. Cf. Nicetas, *De Manuele*, VII, cap. I, pp. 260 et suiv.

[3] Cinnamus, IV, cap. I-XII; Nicetas, *Ibid.*, II, c. VII.

[4] Cinnamus, II. cap. XIX.

[5] « Imperator Græcorum, missis ad eum (Henricum VI) legatis, auxilium « ipsius contra fratrem suum quæsivit : qui... milites illuc direxit, salutem « ipsorum in hoc negotio fortunæ committens.. ; interea Græcorum imperator « a fratre captus, luminibus privatur et arcta custodia servatur, ipseque « (Alexius III) ... militiam Teutonicorum, ad se vocatam, in gratiam Cæsaris « liberaliter habuit. » (Otton. Sanblas. *Chron.*, c. 43, d. Murat., t. VI, p. 900.)

[6] « Idem cæcus imperator, desperatis rebus, ipsum Philippum cum filia

échange des prétendus droits de la Sicile sur Thessalonique [1],
d'abord une somme d'argent considérable, puis la promesse
d'un tribut annuel de cinq mille livres d'or [2]. La mort seule
d'Henri VI avait pu débarrasser Alexis de cette charge énorme,
qui l'avait contraint à établir sur tout l'empire la taxe *alle-
mannique*, et l'avait même réduit à dépouiller de leurs
richesses les tombes de ses prédécesseurs [3]. Mais Philippe
de Souabe, héritier, sinon du titre impérial, du moins de
la politique de son frère [4], n'avait oublié ni la renonciation
d'Isaac II, son beau-père, ni la dette contractée par Alexis III.
Appliquant sans scrupule, au trône de Byzance, les us du droit
féodal, il voyait dans Irène Comnène, qu'il avait épousée par
politique et sur l'ordre d'Henri VI [5], la légitime héritière de
Constantinople, et comme le hasard avait voulu qu'une
affection mutuelle très-vive [6] fût née de cette union de commande, comme, de plus, la princesse était douée des meilleures
qualités de sa race, et passionnée pour son pays d'origine,
Philippe subissait à chaque instant cette douce influence, et se
laissait volontiers détourner par Irène des embarras d'une
situation mal définie en Allemagne, pour songer aux affaires
lointaines de l'Orient.

Le jour n'est point encore fait complétement sur les intrigues mystérieuses qui se nouèrent à cette époque entre la cour
de Souabe et Constantinople, mais l'existence de ces intrigues

---

bæredem regni, a fratre ablati, adoptaverat, et ut hoc consequeretur opem
Augusti assidue sperabat. » (Ott. Sanblas, *Ibid.*) Cf. O. Abel, *König Philipp*.
p. 320.

[1] A cause de la prise de Thessalonique dont s'étaient emparés, en 1185, les
Siciliens, soudoyés par Frédéric Ier (Nicetas, pp. 385, 390). Cf. Töche, *Kaiser
Heinrich VI*, pp. 137, 138.

[2] Nicetas, *De Alexio Ang.*, I, c. vii, pp. 626 et suiv. Il faut lire ce chapitre
entier pour avoir une idée du ton que prenaient à Constantinople les envoyés
de Henri VI. Cf. Töche, pp. 364-366.

[3] Nicetas, pp. 630-631; *Annal. Zwifaltenses*, ad. ann. 1194.

[4] « Sicut *Henricus*, olim imperator, *frater suus per Siciliam* tuum propo-
suerat imperium occupare. » (*Inn. III Epist.*, V, 122.)

[5] V. Töche, pp. 363, 545.

[6] Elle mourut de douleur quelques jours après l'assassinat de Philippe;
rien de touchant comme ses adieux à la vie, petite élégie contemporaine en
prose, publiée par Winckelmann, *Philipp. v. Schwaben und Otto v. Braunschweig* (Leipzig, 1873, in-8°, t. I, p. 564). Elle paraît avoir joui d'une grande popularité en Allemagne; Walther v. d. Vogelveide l'a chantée; on l'appelait « la
rose sans épines et la colombe sans fiel. » Cf. Abel, p. 384; Winkelmann,
p. 474.

est affirmée par Nicétas [1], et Burchard de Biberach nous raconte, en témoin oculaire, les menées en Allemagne d'un envoyé secret (Alexis Contostéphane [2]?) qui, vers 1200, était venu pour décider Philippe à revendiquer en personne le trône de Byzance.

Telle était, au milieu de mai 1201, la situation respective des personnages politiques qui allaient jouer un rôle dans les événements des deux années suivantes. Au moment donc où Innocent III croyait avoir atteint le double but qu'il poursuivait, — la délivrance de la Terre sainte et le triomphe du parti guelfe, — parvient à Rome la nouvelle de la mort du comte de Champagne et du désarroi où cette mort jette les chefs de l'expédition. Puis, deux mois plus tard, se produisent simultanément deux faits nouveaux et également inattendus : l'arrivée en Europe d'un prétendant à l'empire d'Orient, le jeune Alexis Comnène, propre frère de la reine des Romains, et l'élection à Soissons, comme chef des croisés français, d'un prince italien, partisan presque déclaré, et, en tout cas, ami de Philippe : la *coïncidence* de ces deux faits me paraît la clef de tous les événements qui suivirent.

Examinons les circonstances qui entourèrent la fuite d'Alexis et l'élection de Boniface.

D'abord soumis, ainsi que sa famille, à une étroite détention dans le Diplokionion, Isaac II avait vu peu à peu se relâcher les rigueurs exercées contre lui par son frère. Il avait fini par jouir d'une demi-liberté dont il se servait pour tenir avec les colons pisans, jadis comblés de ses faveurs [3] et, par contre, peu satisfaits de la conduite d'Alexis III à leur égard [4], des conci-

---

[1] Nicetas, *De Alex. Ang.*, III, cap. VIII, p. 710.

[2] « Venerat autem ante eum (Alexium IV) quidam nobilis princeps Græco-
« rum, volens percipere regnum nomine reginæ, quem cum deprehendissent
« fraudulenter laborare, primum jussit (Philippus) eum captivum teneri :
« sed, interventu reginæ, cito liberavit eumdem, qui rediens in Græciam,
« cœpit regnum sibi vendicare, quem, post hæc, in brevi Græci strangulatum
« suffocaverunt. » (Burch. Biber. Conradi a Lichtenau *Chronicon*, éd. de 1609,
p. 236.) M. Winkelmann (p. 525) pense que cet intrigant était Manuel
Kamytzès, mais ce dernier ne prétendit jamais au trône : l'astrologue Alexis
Contostéphane, qui, après une première tentative en ce sens, en 1195 (Nicetas,
pp. 609-603), avait échappé au supplice et fut étranglé en 1201, à la suite d'une
récidive (Nicetas, p. 687), est le seul personnage qui puisse répondre au por-
trait tracé par Burchard.

[3] V. Heyd, p. 72.

[4] Id., p. 81.

liabules secrets [1], que dirigeait de loin, par une correspondance active, la reine des Romains, sa fille [2]. Bientôt il met à profit l'affection que son fils, le jeune Alexis, semble avoir inspirée à l'empereur régnant, et au moment où celui-ci allait emmener son neveu dans l'expédition dirigée contre le protostrator Manuel Kamytzès [3], Isaac le fait évader avec la connivence du vicomte de la colonie pisane, Riniero de Segalari, et du jurisconsulte Ildebrando, de' Famigliati [4]. Caché, suivant les uns, dans un tonneau à double fond [5]; perdu, suivant les autres, dans la foule des matelots latins dont il avait pris les habits [6], le jeune Alexis parvient à se soustraire aux recherches de la police impériale qui s'était aperçue de sa fuite, et à rejoindre, accompagné de son gouverneur [7], une grosse cogue pisane, qui ramenait dans leur patrie [8] le vicomte et sa suite. Une fois débarqué en Italie [9], il s'empresse de se rendre auprès de

[1] « Erat cujusvis Isaacium adire, tum vero Latinorum, cum quibus arcana « consilia de ulciscendis injuriis et evertendo fratre Alexio conferebat... » (Nicetas, *de Alex.*, III, cap. VIII, trad. Bekker, p. 710.)

[2] « Litteris ad Irenem illam missis, Philippi Allemanorum regis conjugem, « quibus eam ad opem sibi ferendam instigabat, atque inde litteras recipiebat « *quibus quid agendum esset monebatur.* » (Nicetas, *l. c.*)

[3] Nicetas, *l. c.*; cf. p. 707.

[4] *Compte du prieur Benenato* (1223, 16 janv.), dans les *Documenti sulle relaz. toscane coll' Oriente*, t. I, n° 62, p. 94. Heyd, (p. 96), s'appuyant sur un passage de Nicetas (p. 712), où ce chroniqueur donne pour cause à la haine des Vénitiens contre Alexis III, les faveurs accordées par ce prince aux Pisans, considère la connivence des Pisans comme une affaire privée : mais ici Nicetas (les chartes le prouvent surabondamment) a confondu les Pisans avec les Génois, et il ne faut pas oublier que le comte de Segalari était le chef même des Pisans.

[5] *Chronique de Novgorod* (dans Hopf, *Chron. gréco-lat.*, p. 93); ce récit est très-intéressant.

[6] Nicetas, *l. c.*; Ronciani, *Cronica di Pisa* (dans Buchon, *Nouv. Recherches*, II, p. 23); cf. t. I, p. 13.

[7] « Li maistres al fil Kirsaac,
     « Une abée (qui) l'avait dès l'enfance
     « Nourri... »
(Mousket, dans Villehardouin, éd. Du Cange, p. 212); cf. Clari, p. 25, Albericus, pp. 399, 425. Peut-être Benenato, prieur des Pisans, qui revint à cette époque en Italie, à la suite de querelles avec le diacre Léon, légat du pape, fut-il aussi mêlé à toute cette évasion. Cf. *Compte de Benenato, l. c.*; *Gesta Inn. III*, n° 64.

[8] *Compte de Benenato, l. c.*

[9] Il était débarqué à Ancône, suivant Villehardouin, qui, seul, nomme ce port; n'y aurait-il pas confusion avec Aulonia, point de départ donné par Nicetas, *l. c?*

Philippe de Souabe, son beau-frère[1], et, en juillet 1201[2], arrive à Würzburg[3], où ce prince tenait sa cour.

Après de longs débats, l'élection de Boniface avait eu lieu le 1er avril 1201, dans une assemblée convoquée à Soissons à cet effet[4], à la suite de plusieurs autres qui n'avaient amené aucun résultat. Villehardouin, qui s'était, à son retour de Venise, concerté avec le marquis de Montferrat[5], s'attribue modestement l'initiative et le succès de la candidature de ce dernier au sein du parlement des croisés[6]. En réalité, il n'avait été que le porte-parole du roi de France, dont cette élection fut l'œuvre personnelle[7], et qui pesa, par la bouche du maréchal de Champagne, sur les décisions des barons. Sans cette haute influence, comment expliquer que des princes comme Baudouin de Flandre, Hugues de Saint-Paul, Louis de Blois et Simon de Montfort se soient vu préférer un seigneur étranger, descendant

[1] « Occulta et celeri fuga. » (Günther, n° 8.) J'ai suivi ici Nicétas (l. c.). Villehardouin (n° 70), Günther (n° 8), Rigord (p. 55), Sicardi de Crémone, p. 619, Albéric (l. c.), la Chronique de Morée, (p. 10), la Chronique de Novgorod (p. 93), Ibn el-Athir (d. Tafel et Thomas, t. III, p. 459), qui tous conduisent directement Alexis en Allemagne : on pourrait, il est vrai, en forçant un peu le sens d'un passage des Gesta Innocentii III, n° 82 (Cf. Epist., V, 122, VI, 210; Georgius Acropolita c. 2, pp. 6, 7 ; Ἀλεωσὶς Κ. Π., v. 152, 170, d. Müller, Byzant. Analekten, pp. 38, 39; Sozom. Pistor., d. Tartinius, SS. RR. Ital., t. I, p. 83) placer ici le voyage à Rome du jeune Alexis; mais en l'absence d'un texte formel, j'ai cru devoir me ranger du côté de la majorité des témoignages contemporains, m'écartant ainsi de l'opinion de Hopf, Op. c., p. 191. — Clari et les continuateurs de Guillaume de Tyr font d'abord arriver Alexis en Hongrie.

[2] Ann. Colon. max. ad. ann. — Après le 3 juillet, comme le fait remarquer Winkelmann, Op. c., p. 525. Cf. Burc. Biber, l. c. Sicard. Cremon. (d. Muratori, t. VII, p. 619).

[3] Böhmer, Regesta imperii, p. 12.

[4] Villehardouin, n° 41.

[5] « Et vinrent par Monferrat et conterent au marquis ce qu'il avoient « fait et ordiné en Venisse. » (Chron. de Morée, p. 8.)

[6] Villehard., n° 42.

[7] « Consilio regis Franciæ. » (Gesta Inn. III, n° 83.) — « Principes de consilio « regis Francorum, Bonifacium, christianorum ducem elegerunt. » (Sozom. Pistoriensis, d. Tartinius, SS. RR. Italic., t. I, p. 82.) — A tant que il alast parler « au roy de France et à la roine sa suer, car sans leur sceu et voulenti il ne le « porroit faire. Lors ordena son oyrre ; et ala tant que il vint à la cité de « Paris où il trova le roy de France, et la roine sa suer. Et lor conta la novelle « coment et por quoy le hault home de France et des autres princées il « requeroient que il fust chapitaines et gouverneur de toute la gent de cellui « passage. Et quant li frans roi et la bone roine oyrent celle nouvelle, si loerent « moult et conseillerent le marquis que il deust entreprendre celle gubernacion. » (Chron. de Morée, pp. 5-6) Ce récit est évidemment altéré, mais le témoignage des Gesta empêche de le rejeter entièrement.

de Henri IV [1], fils du vieux gibelin Guillaume de Montferrat, et qui, d'ailleurs, jusqu'alors, s'était fait connaître bien
plus par son habileté diplomatique que par ses talents militaires.

Boniface, qu'une ambassade solennelle était allée chercher
au delà des Alpes [2], vient, le 8 septembre, recevoir en grande
pompe la croix à Notre-Dame de Soissons [3], et prend le titre de
chef de l'armée chrétienne [4]. Le 14, il va à Cîteaux [5] assister à
une grande prédication de Foulques de Neuilly, s'assurer auprès
du Chapitre général du concours que l'ordre devait donner à la
croisade, et probablement recueillir les sommes provenant des
quêtes de Foulques, et que celui-ci avait déposées à l'abbaye [6].
Deux mois plus tard, il part pour Haguenau [7], où se tenaient, à
portée des événements, Philippe, Irène et le jeune Alexis, et
nous le trouvons auprès d'eux à Noël de la même année [8].

Rien ne serait plus facile que de reconstruire, à l'aide de ces
détails chronologiques, les commencements de l'œuvre secrète
du roi des Romains ; en 1200, rappelé au souvenir des affaires
de Constantinople par les intrigues de Contostéphane, il serait
entré en relations avec Boniface, son cousin germain [9], qui,
envoyé par Innocent III en Allemagne, avec l'archevêque de
Mayence, pour remplir une mission de paix entre Othon et
Philippe [10], s'était, à la suite de négociations infructueuses, et
peut-être en souvenir de Frédéric Ier et de Henri VI, amis et
bienfaiteurs des Montferrat [11], rapproché de leur successeur. Le

12.
Hypothèses
à déduire de la
coïncidence de
ces deux faits.

---

[1] Par sa grand'mère, Agnès, veuve de Frédéric de Souabe, mariée en secondes
noces à saint Léopold d'Autriche.
[2] Clari, p. 7.
[3] Id., p. 7; Villeh., nos 43, 44. Boniface avait cependant déjà pris la croix.
(*Gesta Inn. III*, n° 46, Ernoul, p. 340.)
[4] « Li maistres de l'ost. » (Clari, p. 25.) — « Kievetaine et sires des croisés. » (*Id.*, p. 6.) — « Caput et dux militiæ. » (Coggesh., p. 91.) « Capitaneus,
dux, et rector. » (Jacob. de Guisia, XIX, c. XII, t. III, p. 283).
[5] Villeh., n° 45.
[6] Jean d'Ypres (dans D. Bouquet, t. XVIII, p. 601).
[7] Böhmer, *Regesta Imp.*, p. 13.
[8] Clari, p. 15.
[9] Son père avait épousé, en premières noces, Sophie, fille de Frédéric Barberousse.
[10] *Annal. Colon. Max.*, ad. ann. 1199 ; voir Winkelmann, p. 169 ; O. Abel,
pp. 109, 112. Il resta en Allemagne jusqu'en automne.
[11] Guillaume le Vieux, père de Boniface, avait toujours combattu en Italie
pour Frédéric Ier, et Boniface lui-même avait reçu de Henri VI, en 1193, la ville
d'Alessandria (Privilége, d. Muratori, t. XXIII, p. 360).

marquis, parfaitement au courant des affaires de l'empire grec, auquel le rattachaient des liens de toute nature [1], et où ses frères, Conrad et Reynier, avaient joué récemment un rôle si considérable [2], désireux lui-même de se venger, sans acception de dynastie ni de personne, des perfidies du gouvernement byzantin [3], et de ressaisir l'héritage perdu de Reynier, très-bien informé par contre des projets du pape, dont il venait d'être l'ambassadeur, et de tout ce qui concernait la croisade en voie d'organisation, — aurait rencontré chez Philippe de Souabe des haines et des désirs tout à fait conformes aux siens, et de cette rencontre serait sorti, au moins en germe, le projet de détourner vers la Grèce l'expédition préparée par Innocent. Le roi des Romains, convaincu de son impuissance actuelle à faire valoir les droits qu'il tenait de la renonciation d'Isaac II, aurait conçu spontanément, ou reçu de Boniface, l'idée de s'effacer et de produire à sa place un candidat moins connu et moins compromis qu'il ne l'était lui-même. Il aurait alors fait donner par Irène les instructions dont nous parle Nicétas, et procuré aux projets d'évasion du jeune Alexis la coopération des Pisans, ses

---

[1] Six fois les Montferrat s'allièrent aux empereurs d'Orient; voir Sauli, t. I, p. 37, et surtout Pannenborg, *Magister Guntherus*, (d. les *Forschungen zur d. Gesch.*, 1873, p. 312.)

[2] Conrad, frère de Boniface, avait épousé la sœur d'Isaac II, et rempli Constantinople de ses exploits (Clari, pp. 27, 29); (cf. *Cont.* de Caffaro, éd. de Gênes, p. 56). Reynier, frère des deux premiers, avait épousé en 1180 la fille de Manuel Comnène, Marie, qui avait reçu en dot le royaume de Thessalonique (Rob. de Monte, d. Pertz, t. VI, p. 525; Nicetas, *De Manuele*, V, c. VIII, p. 222). — Dans une charte de 1204, Boniface vend aux Vénitiens les droits qu'il peut avoir sur le fief donné par Manuel à son père, *patri suo* (Tafel et Thomas, t. I, p. 513, d'après le *Liber Albus*); mais je pense qu'il y a là une erreur de copiste — Guillaume le Vieux n'ayant jamais eu de rapport avec Manuel, — et qu'il faut lire *fratri suo*, — leçon qu'offre cette même charte dans Benevento di S. Giorgio, *Cronica di Monferrato* (Murat., t. XXIII, p. 365).

[3] M. de Wailly (*Éclairciss. à Villehardouin*, pp. 442 et suiv.) attaque l'autorité de Clari, parce que ce chroniqueur — en donnant pour cause des rancunes de Boniface contre les Grecs, les déboires essuyés par Conrad de Montferrat à Constantinople, — ne fait pas attention que Boniface va concourir à la restauration d'Isaac, auteur même de ces déboires : mais l'histoire des rapports entre la cour de Byzance et les Latins, montre souvent ceux-ci exerçant leurs vengeances sur les Grecs, pris en masse, sans acception de l'empereur régnant, qui paraît revêtir à leurs yeux le caractère d'une entité impersonnelle : on pourrait donner de cette contradiction de nombreux exemples. De plus, et dans le cas qui nous occupe, la persistance avec laquelle Boniface poursuivit Alexis III, jusqu'à ce qu'il l'eût pris et fait enfermer à Montferrat, montre bien l'intensité de la haine particulière du marquis contre ce prince.

alliés fidèles. La mort du comte de Champagne aurait précipité
l'exécution de la combinaison concertée l'année précédente [1],
et Boniface, qui en était l'âme, aurait été proposé par le roi des
Romains à Philippe-Auguste, comme un successeur de Thibaut moins redoutable pour le roi de France que l'un ou l'autre
des barons croisés. Philippe-Auguste, alors indisposé par le
légat du pape contre le roi des Romains, aurait hésité deux mois,
et fini cependant par donner son appui à Boniface, auquel le
rattachaient des liens de parenté [2]; — le choix du marquis ne
devant d'ailleurs donner aucun ombrage au chef de la chrétienté, avec lequel il avait su rester en bons termes. L'élection
une fois menée à bonne fin, Boniface, emportant avec lui une
lettre du roi de France pour le pape en faveur de Philippe de
Souabe, — lettre qui montre de quelle façon le marquis avait
su plaider à Paris [3] la cause du roi des Romains [4], — se serait
empressé de revenir en Allemagne pour exposer à Philippe les
heureux débuts de leurs projets communs.

De cette façon, toutes les allées et venues de Boniface s'expli-
queraient d'elles-mêmes : agent secret de la politique allemande,
il aurait réussi cependant à ne paraître que l'intermédiaire
bénévole de négociations officielles entre Philippe-Auguste,
Philippe de Souabe, les croisés, et enfin Innocent III lui-même,
qui, tout en soupçonnant déjà quelque chose de ces intrigues [5],
n'y aurait pas donné, dès l'abord, toute l'attention désirable.

Un historien d'Outre-Rhin, qui vient de terminer, dans
la collection académique des *Annales de l'histoire allemande*,
le volume relatif à Philippe de Souabe, et qui consacre une
longue et savante note au sujet qui m'occupe [6], M. Edouard

---

[1] Le comte de Champagne étant mort le 24 mai, et, — à quelque combinaison
chronologique que l'on soumette les récits toujours non datés de Nicetas, —
Alexis, pour arriver en Allemagne vers le 15 juillet, ayant dû s'enfuir au plus
tard le 15 mai, il est difficile de soutenir que le premier fait ait pu influer directement sur le second : mais il n'en est pas de même pour l'élection de Boniface.
[2] Villehardouin, n° 42; *Inn. III Epist.* (*Reg. Imp.* n° 63). — Eléonore, femme
de Boniface, descendait au troisième degré, comme Philippe-Auguste, d'Hum-
bert II, comte de Savoie.
[3] Philippe-Auguste passa à Paris le mois d'octobre. V. L. Delisle, *Catal.
des Actes de Philippe-Auguste*, p. 158.
[4] *Inn. III Epist.* (*Reg. Imperii*, n° 63), d. Migne. t. III, p. 1068; cf. Winkelmann, p. 277.
[5] Voir plus haut, p. 22, note 3.
[6] *Iahrbücher der deutschen Geschichte.* — *Philipp von Schwaben und Otto IV
von Braunschweig.* t. I, pp. 525, 528.

Winkelmann, sans pousser aux mêmes détails toutes ces conjectures, en formule nettement le principe.

Je n'ose encore, je l'avoue, remonter aussi haut, bien qu'un texte d'Ogerio Pane, ait donné lieu de penser que, déjà au moment de la signature du contrat de nolis (avril 1201), le projet d'attaquer l'empire grec avait été l'objet d'un article secret de ce traité[1] ; je me contenterai de signaler la vraisemblance de cette longue hypothèse, et de reporter, mais cette fois d'une façon plus affirmative, les origines de l'intrigue combinée entre Philippe, Alexis et Boniface, à l'époque de leur séjour commun en Allemagne, — de septembre 1201 à février 1202 —; et je pense qu'il me suffira d'exposer, dans leur ordre chronologique, les complications qui suivirent l'arrivée d'Alexis et l'élection de Boniface, pour montrer que la main qui tenait les fils de cette intrigue n'a rien abandonné aux caprices du hasard.

III

NÉGOCIATIONS DE 1202.

13.

Boniface et Alexis à la cour de Souabe, puis à Rome.

Boniface ne dut quitter la France que vers la fin de novembre 1201 : car, pour adresser au pape la lettre assez hautaine dont il chargea le marquis, Philippe-Auguste avait, sans aucun doute, attendu l'arrivée de la bulle de légitimation des enfants d'Agnès de Méranie, bulle qui n'était partie de Rome que le 4 novembre[2]. Le marquis trouva le roi des Romains à Haguenau[3], où

[1] M. de Mas-Latrie (*Hist. de Chypre*, t. I, p. 165), combattu par M. de Wailly (*Éclaircis. à Villeh.*, pp. 436, 437). Voici le texte d'Ogerio Pane : « Continuation quod comes Flandrensis..... Venetias perrexerunt, ibique cum « Venetia confœderarunt, fingentes se ire ultra mare ad recuperandum domi-« nicum sepulcrum. Primo euntes ad Jadaram,..... postmodum obliti domi-« nicæ crucis recuperationem et ipsam crucem projicientes C. P. perrexe-« runt. » Ce passage ne me paraît point impliquer le fait que le contrat de nolis ait eu en vue Constantinople : tout au plus Ogerio, dans la première phrase, fait-il allusion à la convention relative à Zara. — Ce témoignage comme celui de Nicetas (p. 713), invoqué au même endroit par M. de Mas-Latrie, me semble devoir être reporté au temps des négociations de Venise.
[2] *Inn. III Epist.*, éd. Migne, t. III, p. 1192.
[3] Böhmer, *Reg. imp.*, p. 12.; cf. Winkelmann, p. 240.

se passèrent les fêtes de Noël, le suivit à Halle, où ils arrivèrent le 1er janvier 1202 [1], et ne quitta la cour de Souabe qu'à la fin du même mois [2]. Quels étaient les intérêts assez considérables pour retenir ainsi, plusieurs semaines, auprès d'un prince tout récemment excommunié, et si loin des préparatifs de la croisade, celui qui venait d'être choisi pour chef suprême de l'expédition organisée par Innocent III? Les *Gesta* nous l'apprennent en termes formels : « Boniface concluait avec Philippe *un traité*, « en vertu duquel l'armée des croisés devait rétablir le jeune « Alexis sur le trône de Constantinople [3]. » Il est probable que les pourparlers nécessaires à la conclusion de ce traité furent longs : ils eurent lieu entre Philippe, l'intelligente Irène, son frère et le marquis; personne autre ne paraît y avoir été mêlé; sans cela, des partisans de Philippe aussi importants et en général aussi bien informés que l'abbé de Pairis et l'évêque de Halberstadt, y eussent laissé faire allusion dans les récits de la quatrième croisade qui ont été écrits sous leur dictée; et, si quelque chose en Allemagne transpira plus tard de ces négociations, ce fut seulement l'idée générale que Philippe en avait assumé la haute direction [4]. Qu'Alexis ait exposé les chances locales que pouvait présenter, en faveur de sa cause, une intervention latine, et parlé du nombre des partisans qu'il avait à Constantinople [5]; — que Philippe, tenant à son beau-frère un discours analogue à celui que la *Chronique de Morée* [6] met dans

---

[1] *Chron. Halb.*; éd. Schatz, p. 70 ; Winkelmann, p. 243.

[2] Winkelmann, p. 256.

[3] « Ipse vero de Francia per Alemanniam transitum fecit, ubi cum Philippo duce Sueviæ, qui se regem gerebat, dicebatur habuisse TRACTATUM ut « *Alexium sororium suum... reduci faceret ad Constantinopolim, ab exercitu* « *christiano* ad obtinendum imperium Romaniæ. » (*Gesta Inn. III*, no 83.)

[4] « *Legatione accepta a sorore et Philippo* (Alexius) rediit in Greciam, » (Burch. Biber. *l. c.*) — « Constantinopolis... *ordinatione regis Philippi* propter « socerum ipsius... obsessa et capta est. » (*Chron. Montis Sereni*, éd. Eckstein, p. 72.) — « *Per consilium regis* Philippi. » (Albéric, p. 425.)

[5] « Verisimilibus argumentis inducti quod dicti Alexii suspiraret adventum « *regis pars potior civitatis.* » (*Inn. III Epist.*, VI, 211); cf. Rob. Altiss. *Chronicon* (d. D. Bouquet, t. XVIII, p. 266.); *Chron. de Novgorod*, p. 95.

[6] « Beaux niés, vous vées bien coment vostre oncle vous a desherité de « vostre empire, et j'ay certaines novelles coment li hault home de France « ont entrepris un grant passaige de pelerins pour passer en la saincte terre « de Jherusalem : de quoy me semble que, se nostre sainct pere le pape leur « vouloit faire le commandement de laisser cellui voiage et de aler en Constan- « tinople, car il vous porroit bien remettre en vostre empire. Mais je ne me

3

la bouche du prince souabe, lui ait parlé d'une promesse formelle d'union entre les deux Églises, comme d'une condition *sine qua non* de succès pour l'expédition projetée; — qu'il ait fait ses réserves en ce qui pouvait toucher les droits qu'il tenait lui-même de la renonciation d'Isaac, et exigé, à cet égard, des avantages pécuniaires spéciaux; — que, d'autre part, Boniface, qui venait de recevoir à Cîteaux tous les fonds [1] provenant, soit des quêtes de Foulques de Neuilly, soit des premières levées des décimes ecclésiastiques, ait exposé l'insuffisance de ces sommes pour l'acquittement des obligations contractées par les barons envers les Vénitiens; — que, partant, il ait émis l'idée que cette insuffisance devait forcément mettre les croisés à la discrétion de quiconque se mettrait en mesure de payer leur concours; — qu'enfin, en qualité de chef élu de l'expédition, il ait pu s'engager, même en dehors de toute autorisation de ses commettants, à mettre, sous certaines conditions, les forces de la croisade à la disposition d'Alexis, — il n'y a rien là que de très-plausible. De cette façon, le pacte qui fut conclu postérieurement à Zara, se serait trouvé déjà arrêté en principe. Philippe se réservait la direction secrète et lointaine de l'expédition [2], et stipulait pour lui-même, en cas de succès, de larges subsides, correspondant, et aux arrérages de la *taxe allemanique*, et à l'abandon des droits présumés d'Irène. Boniface, pour prix de sa coopération, recevait, avec l'honneur d'une alliance auguste pour sa sœur Jordana [3], l'investiture de la

« doute que d'une chose pour quoy le pape ne le voudra faire, car je saiz
« bien que vos Grecs si sunt rebellé vers la saincte egglise de Rome. Donc,
« se vous me voulès creanter que, se li pelerin vous mettoyent en vostre
« empire, que vous feriès d'ores en avant vos Grecs estre obedieus à la loy de
« Rome, et de paier la despense que li François feroient pour vous en cest
« voiage, et après d'aler avec eaulx au roiaulme de Jherusalem, d'acompaignier
« les un an, et de guerroier contre les ennemis de la croix, que je feroie une
« priere à nostre sainct pere le pape de faire le dit comandement. » (*Chron. de
Morée, pp. 10-11.)

[1] « Tradita (ei) ex majori parte pecunia quam pro subsidio Terræ Sanctæ comes
memoratus (Theobaldus) congregaverat. » (*Gesta Inn. III*, n° 83); cf. Clari, p. 7.

[2] Voir l'article 7 des *Promissa Philippi regis papæ* (*Inn. III Opera*, éd.
Migne, t. IV, p. 296.) : « Si omnipotens Deus regnum Græcorum mihi vel *leviro meo*
« subdiderit, ecclesiam Constantinopolitanam Romanæ ecclesiæ bona fide et
« sine fraude faciam fore subjectam. » Cf. *Inn. III Epist.*, V. 122.

[3] *Genealogia march. Montisf.* (d. Moriondus, *Monum. Aquensia*, 1790,
in-4°, t. II, p. 253); cf. Irici, *Res patriæ*, p. 41 et Chiesa *Stor. d. Piemonte*,
p. 194. Alexis ne dut être que fiancé à cette princesse. Quant à l'assertion
du même Chiesa, reproduite par La Farina, (t. I, p. 553), relativement à la

Crète [1], en échange de l'héritage de son frère Reynier. Alexis,
se chargeant de libérer les croisés de leur dette envers Venise,
et s'engageant à se joindre à eux pour combattre les Infidèles,
acquerrait, en retour de cette promesse, la certitude d'une
restauration à bref délai. Enfin le projet d'union des deux
Églises était inscrit en tête du traité tout entier, pour endormir
les scrupules, et obtenir au moins la neutralité bienveillante
d'Innocent III. Telles devaient être en substance les propositions que le jeune Alexis fut chargé par Philippe d'aller présenter à l'approbation du Souverain Pontife [2]. Il est probable
qu'il partit le premier [3] pour Rome, où nous le retrouverons tout
à l'heure. Quant à Boniface, il reste auprès du roi des Romains et
assiste à l'assemblée de Halle [4], où se discutent, une dernière
fois, les instructions que les princes, partisans de Philippe, ont
rédigées à Bamberg le 8 septembre 1201 [5], pour l'archevêque
Eberhardt de Salzbourg, le margrave Conrad d'Ostmark et
l'abbé de Salem, chargés par eux d'aller porter au pape leur
protestation contre la sentence [6] dont Philippe a été frappé.
Il est décidé que Boniface, déjà chargé d'une mission du roi
de France auprès d'Innocent [7], sera aussi à Rome le représentant
officieux du prince souabe [8], et qu'il appuiera à la fois, et les
propositions d'Alexis, et la protestation des seigneurs alle-

parenté de Boniface avec Alexis, qui aurait été, avant même; ce projet de
mariage, cousin très-rapproché du marquis, elle ne se trouve dans aucun texte
plus ancien que Bonincontro, écrivain florentin du xve siècle « Bonifacius
Montisferrati Alexio puero paterna affinitate conjunctus. »(Laur. Bonincontrius,
Hist. Sicula, d. Lami, *Deliciæ eruditorum*, t. V, p. 277.)
  [1] And. Dandulus (d. Muratori, t.XII, p. 322); Tafel et Thomas, t. I, pp. 512-515.
— cf. Heyd, p. 101.
  [2] *Chron. de Morée*, p. 11.
  [3] Le fait qu'Alexis précéda Boniface à Rome résulte de l'ordre suivi par
les *Gesta* dans la narration de ces deux voyages : voir plus haut, p. 34.
note l, les raisons qui me font reculer à cette époque l'arrivée d'Alexis
à Rome.
  [4] Winkelmann, p. 253.
  [5] *Idem.*, p. 255.
  [6] Inn. III *Epist.* (*Regest. Imper.*, n° 61.); cf. Winkelmann, p. 255.
  [7] « Super prædictis charissimo consanguineo nostro marchioni Montis-
Ferrati ex parte nostra indubitanter creditis. »(*Epist. Philippi Aug.*, dans
le *Reg. Imper.*, n° 63.)
  [8] « Waltherus, Sereni Montis præpositus, cum Conrado (Bonifacio) marchione, qui *pro Philippo rege apud Innocentium legatione functus est*,
« Romam profectus. » (*Chron. Montis Sereni*, p. 66.) Le fait que ce Walther
de Lauterberg accompagna Boniface, ajoute ici un grand poids au témoignage
de la *Chronique de Lauterberg*.

mands. Les deux négociations se trouvent ainsi réunies dans
la même main, et cette connexité apparente, voulue par
le roi des Romains, est précisément ce qui doit garder celui-ci
contre toutes les éventualités; car si le pape accepte les offres
et consent aux demandes du jeune Alexis, il se voit forcé
d'abandonner Othon et de se réconcilier avec Philippe; ce
dernier se trouve alors avoir, d'un seul coup, atteint le double
but, de ruiner le parti guelfe et de prendre, en assurant à son
beau-frère, sans bourse délier, le trône de Constantinople, une
revanche éclatante de tout le passé humiliant ou douloureux
que sa race avait à venger en Orient. Si, au contraire, Innocent
repousse les propositions d'Alexis, l'on passe outre, et avec le
concours des barons, dont on exploite la pénurie, on parvient,
malgré le pape, et au profit, soit d'Alexis, soit de Philippe lui-
même, à s'emparer de l'empire grec, dont l'occupation militaire
absorbe pour longtemps toutes les forces de la croisade. Ce
n'est encore, il est vrai, que le second des résultats poursuivis;
mais à l'aide des subsides que procure la conquête, et du
discrédit jeté sur Innocent III par l'échec même de ses projets
favoris, on espère arriver rapidement à obtenir aussi le
premier.

Boniface quitta Halle vers la fin de janvier, avec le margrave
d'Ostmark et l'abbé de Salem; rejoints en route par l'archevêque
de Salzbourg [1], ils étaient déjà depuis quelques jours à Rome
le 11 mars [2]. Ils y trouvèrent le jeune Alexis qui, reçu par le pape
en audience solennelle, devant les cardinaux et la noblesse
romaine tout entière, s'était jeté aux pieds d'Innocent III, et
lui avait demandé justice des crimes et de l'usurpation de son
oncle [3], sans d'ailleurs parler ouvertement de l'intervention
des croisés. Le pape ne lui avait donné que des consolations
évasives [4]; mais d'autres entrevues avaient dû suivre cette
réception publique; le prétendant avait pu exposer, au moins
en partie, les conditions du pacte de Haguenau, et, se gardant
d'oublier les instructions de Philippe [5], faire miroiter aux yeux
du Souverain Pontife cette espérance de l'union des deux

[1] Winkelmann, p. 256.
[2] Id., *ibid.*
[3] *Gesta Inn. III*, n° 82; *Epist.*, V, 122.
[4] *Epist. Inn. III*, V, 122.
[5] *Chron. de Morée*, p. 11.; cf. *Promissa Philippi*, l. c.

Églises [1], question presque aussi chère au cœur d'Innocent III que celle des Lieux saints, et objet des patientes négociations que, depuis quatre ans, il entretenait avec Alexis III [2].

Le pape dut se trouver embarrassé et peut-être ébranlé par les propositions du prince grec; il dut ressentir une certaine angoisse à se voir forcé de faire un choix immédiat entre les deux projets qui se partageaient sa pensée, et nous pouvons reconnaître la trace de ces perplexités dans les conseils qu'il crut devoir demander aux cardinaux, et aussi dans la hardiesse avec laquelle, six mois plus tard, l'empereur Alexis III fut mis par lui en demeure de donner une réponse définitive sur le fait de l'union [3]. Toujours est-il qu'à la suite de cette lutte intérieure, la croisade l'emporta dans son esprit; peut-être déjà mis en garde contre les Vénitiens, vit-il le piége que lui tendait Philippe? peut-être ne put-il pas triompher de la juste défiance que lui inspirait un parent si proche de cet ennemi de l'Église, et, informé comme il l'était des usages byzantins, trouva-t-il ridicules et insoutenables les prétentions du jeune Alexis? sans doute, enfin, sa conscience vint-elle à se révolter contre l'idée de faire servir l'armée du Christ, convoquée par la voix du Saint-Siége, à la ruine d'un monarque chrétien, avec lequel il entretenait, au moment même, des relations presque courtoises? Ce qu'il y a de certain, c'est qu'il opposa, en fin de compte, à la requête du prétendant, un refus péremptoire [4].

Boniface, qui arriva quelque temps après, reçut du pape, malgré la façon un peu équivoque dont il s'était acquitté, en 1200, de la mission qu'Innocent lui avait confiée en Allemagne, un accueil cordial, et en obtint même plusieurs faveurs spirituelles [5]; mais en ce qui touchait la partie politique de son voyage, il ne fut pas plus heureux qu'Alexis. D'abord ses

[1] Comparez les expressions qu'il employa, une fois restauré, dans sa lettre à Innocent III (*Inn. III Epist.*, VI, 210), et surtout le passage suivant : « Hæc, « fateor, causa potissimum ad subsidium nostrum animos peregrinorum « inclinavit, quod promissione *spontanea*... sumus polliciti... Romanum pon- « tificem nos humiliter agituros, et ad hoc ipsum Orientalem ecclesiam pro « viribus inducturos. » Cf. *Epist.*, VI, 229, 230, 231.
[2] Voir plus haut, p. 20.
[3] *Inn. III Epist.*, V, 122.
[4] *Id., ibid.* ; *Gesta Inn.*, n° 82.
[5] *Chron. Mont. Ser.*, p. 69; *Inn. III Epist.*, VI, 87; — *Chron. Mont. Ser.*, p. 66; *Inn. III Epist.*, V, 9-10; cf. Winkelmann, p. 258.

efforts en faveur du roi des Romains furent stériles, et la lettre de Philippe-Auguste ne servit qu'à attirer à ce prince une réponse désagréable [1] ; puis, quand Boniface voulut en venir aux fins de ses projets secrets — *cœpit agere a remotis* (disent les *Gesta*), — et exposer les avantages du pacte de Haguenau, Innocent l'arrêta si court que le marquis, se hâtant d'expédier les menues affaires de la croisade, prit congé et s'en revint à Montferrat, où il dut arriver vers le milieu d'avril [2].

14.
Alexis en Lombardie.

Mais Boniface n'était découragé qu'en apparence par l'insuccès de ses premières ouvertures; politique trop habile et trop tenace pour croire la partie perdue après une seule passe, il s'empressa d'abandonner comme impraticable la première forme des projets de Philippe de Souabe, et de chercher, en se passant d'Innocent III, et se retournant vers les croisés eux-mêmes, à mettre sans délai la seconde à exécution : ce qu'il sut faire, comme dit l'auteur des *Gesta*, avec sa sagacité ordinaire [3] : à partir de ce moment, nous allons le voir s'occuper bien moins de diriger la croisade dont il était le chef, que de la faire servir à la restauration d'Alexis [4].

Il semble que ce dernier, dont le séjour en Lombardie est constaté à cette époque [5], dût venir le rejoindre à Montferrat; c'est du moins en ce sens qu'il faut, je pense, interpréter un texte de Rigord, mentionnant à cette date la visite faite par le jeune prince, en Italie, à l'un des croisés [6]. Or Boniface ne quitta point ses Etats avant le 22 juillet [7], et Baudouin Ier, qui n'était parti de Flandre qu'à Pâques, et de Clairvaux qu'à la fin d'avril [8], s'arrêta, vers le milieu du mois de juin, à la cour du

---

[1] *Inn. III Epist.* (*Regest. Imper.*, n° 64).

[2] « Ad propria remeavit. » (*Gesta Inn. III.* n° 83). Il était arrivé à Port-Maurice le 15 mars. (Charte, d. les *Monum. Patriæ*, t. II, p. 1222.)

[3] « Eodem marchione *sagaciter mediante*, tractatum est inter ipsum (Alexium) et exercitum christianum ut idem exercitus reduceret illum in « Greciam. » (*Gesta*, n° 89.)

[4] « Illius adolescentis suscepisti ducatum. » (*Epist. Inn. III*, VIII, 133. Marchioni Montisferrati.)

[5] Villeh., n° 70. — Robert. Altiss. (d. D. Bouq., t. XVIII, p. 266.)

[6] « Cuidam de Francis in Italiam veniens. » (Rigordus, d. D. Bouq., t. XVI, p. 55.) Cf. Robert. Altiss., *l. c.*

[7] Date de la vente faite par lui à Verceil de la cité de Trino. (Charte dans Benvenuto di Saint-Giorgio, Muratori, t. XXIII, col. 263.; cf. Irici, *Res Patriæ*, I, 56,) et d'une confirmation de donations à l'abbaye de Locedio (Archives de Turin, *Locedio*, mazzo I, n° 9.)

[8] Martène, *Thes. Anecd.*, I, p.783; cf. Wauters, *Table des diplômes de l'histoire*

marquis [1]. Est-ce là, ou seulement un peu plus tard, par
exemple à Vérone, — où Villehardouin nous montre le prétendant entouré des Pisans qui l'avaient fait évader [2], et se tenant,
vers le mois de juillet, sur le passage des croisés, alors très-
nombreux [3], — qu'il faut placer les premières ouvertures que
Boniface et son protégé firent aux hauts barons de la croisade ?
Faut-il même voir dans l'étonnement que dut causer au comte
Louis de Blois une communication aussi inattendue, la raison
des hésitations qui retinrent ce prince à Pavie, et faillirent le
détourner, comme tant d'autres, de la route de Venise [4] ? Je
n'oserais l'affirmer; mais je serais porté à croire que, si Alexis
séjourna un certain temps à Vérone, point d'intersection de la
route d'Allemagne [5] et de celle de France, c'était uniquement
dans le dessein d'apitoyer les croisés français par son attitude
d'orphelin déshérité, et à l'aide du va-et-vient de pèlerins
allemands que nous signale Günther [6], de se trouver à portée,
et des nouvelles de la cour de Souabe, et des intrigues qui
allaient se tramer en sa faveur à Venise.

Avant de suivre Boniface auprès des croisés rassemblés
dans cette dernière ville, et d'examiner de quelle façon il sut y
servir les intérêts de Philippe et d'Alexis, il faut faire une
remarque générale sur les textes de ceux des chroniqueurs
contemporains qui ne s'occupent qu'incidemment de la quatrième croisade, et dont il est nécessaire cependant d'invoquer

15.
Négociations
de Venise.

de Belgique, t. III, pp. 172-173; Hurter, t. I, p. 542.—Louis de Blois, Guillaume
de Ferrières et Gervais de Châteauneuf étaient encore à Chartres en mai 1202,
(Cart. de N.-D. de Chartres, n°ᵇ 153, 155, 157.) — Simon de Montfort était à la
même époque à Montfort (Molinier, Cat. des Actes de Simon de Montf., n° 8.
dans la Bibl. de l'École des Ch., t. XXXIV, p. 448.) — Hugues de Saint-Paul à
Douliens le 2 mai (Bibl.nat., Coll. Moreau, t. CIII, pp.182-183.); les départs des
croisés français durent donc s'échelonner entre le 15 et le 31 mai, et leurs passages par les Alpes entre le 31 mai et le 15 juin.
[1] Annal. Colon. Max. (d. Pertz, t. VI, p. 810.); cf. Hopf, Op. cit., p. 191.
[2] Villehardouin, (n° 70,) qui fait donner par ces Pisans le conseil à Alexis
de s'adresser aux croisés (?).
[3] « Milites peregrini (Alemanni), cum duce suo, tam a populo civitatis,
« quam ab alia maxima multitudine peregrinorum, quæ illos de diversis
« mundi partibus ad eumdem locum prævenerat, lætissime suscepti sunt »
(Günther, n° 6.) Comme ces croisés allemands n'arrivèrent à Venise qu'après
Boniface (15 août), c'est entre cette dernière date et le 15 juin, qu'il faut placer
leur séjour à Vérone, où ils restèrent deux mois.
[4] Villehardouin, n°ᵇ 52, 54.
[5] « Strata quæ per angustos Tridentinæ vallis anfractus..., Veronam ducit,
minori quidem labore et maiori compendio. » (Günther, n° 5).
[6] Günther, n° 6.

le témoignage pour l'histoire des événements de 1201-1204.
Suivant que ces chroniqueurs commmencent à Venise [1], ou à
Zara [2], les récits, plus ou moins succincts, qu'ils nous fournissent, nous les voyons placer dans l'une ou dans l'autre de ces
deux villes, et la négociation et la conclusion définitive du pacte
conclu entre Alexis et les croisés, tandis qu'en réalité, ainsi
que nous allons le voir tout à l'heure, la *négociation* eut lieu à
Venise, et la *conclusion* seulement à Zara. Villehardouin [3] et
Innocent III [4], mieux informés, font seuls la distinction entre
ces deux phases, correspondant chacune au séjour des croisés,
à Venise d'abord, et ensuite à Zara. Mais cette rectification
faite une fois pour toutes, il est permis de mettre à profit,
en tenant compte de la confusion des lieux, les indications
particulières que peuvent offrir des témoignages autres que les
deux principaux dont nous venons de parler.

Quand Boniface arriva à Venise, le 15 août 1202, il débuta par
affirmer ses droits à la direction de l'armée latine, en se pré-
valant du titre qu'il devait à l'élection de Soissons, pour exiger
le serment d'obéissance de tous les chevaliers [5]. L'autorité
que dut lui donner ce commandement en chef, librement consenti par les barons, est un fait sur lequel il est indispensable
d'insister, bien que jusqu'ici les historiens des croisades
paraissent n'y avoir attaché aucune importance. Soit qu'étranger aux deux pays qui ont donné à la quatrième croisade les
contingents les plus considérables, et qui nous fournissent les
sources d'informations les plus abondantes, il ait été laissé à
dessein dans l'ombre par les chroniqueurs français et vénitiens; soit qu'après l'élévation de Baudouin Ier à l'empire, la
personnalité du marquis de Montferrat ait dû s'effacer devant
celle du nouveau souverain, — toujours est-il que l'importance
de Boniface comme chef des croisés ne ressort qu'incidemment
du récit des grands chroniqueurs, qui affectent de ne le mettre

[1] Rigordus, Robert. Altiss. (d. D. Bouq. t. XVII, p. 55, t. XVIII, p. 266.); Pip-
pino, qui diffère ici d'Ernoul (d. Murat., t. IX, col. 616); Sozomène de Pistoie
(d. Tarinius, *SS. RR. Ital.*, t. I, pp. 82-83), et surtout Ogerio Pane et Nicetas,
cités plus haut, p. 38, note 1.
[2] Presque tous les autres.
[3] Villeh., n°s 70, 72.
[4] *Gesta*, n° 89; *Inn. III Epist.*, V, 122.
[5] « In assumptione B. M. marchio in exercitum venit, et ductor exercitus
est confirmatus; barones ei omnes iuraverunt. » (*Devast. Const.*, p. 87.)

que sur la même ligne que les trois comtes. Mais s'il faut aller chercher la preuve écrite de cette importance dans des textes épars et des intitulés de chartes [1], il est impossible de nier que l'autorité du marquis n'ait été très-réelle, et qu'il ne l'ait exercée sans conteste pendant tout le cours de la croisade. Ne nous étonnons donc point de le voir à Venise, aussitôt le serment des barons prêté, mettre cette autorité au service du plan dont il poursuivait l'exécution.

Il trouvait à l'état aigu les relations des croisés avec la République : Venise avait extorqué à ceux-ci [2] tout l'argent dont ils avaient pu se munir pour le voyage, et les tenait entassés au Lido, sans leur donner ni les moyens de s'embarquer, ni même les vivres qu'une fois sur mer leur assurait le contrat de nolis de 1201. Le prétexte que l'on donnait à cette contrainte par corps d'une armée tout entière, était le non-payement d'un reliquat de trente-quatre mille marcs, sur le prix de quatre-vingt-cinq mille convenu pour le nolisement de la flotte ; et cette détention qui durait déjà depuis le 1er juin [3], ne devait prendre fin qu'au bout de cinq mois !

Ce serait peut-être ici le lieu de revenir sur ce pacte de 1201, de montrer avec quelle habileté il avait été rédigé par Venise, avec quelle légèreté il avait été signé par Villehardouin et ses compagnons, acceptant un contrat de transport *en bloc*, pour un contingent militaire énorme et encore hypothétique, au lieu d'exiger un prix *à tant par lance* conduite en Egypte ; — de rechercher, d'autre part, si le déficit de passagers, contre lequel s'exclamaient les Vénitiens, était aussi considérable qu'ils le prétendaient [4], et enfin si les travaux d'armement de la flotte

---

[1] Pour Nicétas (p. 714), la *Chron. de Novgorod* (p. 92), et Ibn el-Athir (d. Tafel et Thomas, t. III, p. 461), il est le roi des croisés : c'est lui qui adresse en leur nom à l'Europe entière le bulletin de la première prise de C. P. (Martène, *Thes. Anecd.*, I, col. 784) et conclut le pacte anticipé du partage de l'empire grec (Taf. et Thom. I, p. 448) ; enfin, c'est à lui qu'Innocent III adresse toutes les lettres destinées à l'armée latine. Voir plus haut, p. 35, note 4.

[2] Villehard., n° 61 ; Clari, p. 11.

[3] « Ibi expectaverunt passagium a kal. junii usque ad kal. octobris. » (*Dev. C. P., l. c.*)

[4] Comment concilier l'opinion émise par M. de Wailly (*Éclaircissements*, p. 455) sur l'importance de ce déficit, avec le nombre énorme des déserteurs qui, *après être partis de Venise*, quittèrent l'armée à Zara (*deux mille* pour se rendre à Ancône, *une grande multitude* avec Simon de Montfort (*Devast. C. P.*, p. 88.) ?. Suivant Albéric (p. 426), les forces des croisés à Zara se montaient encore à quarante mille hommes.

avaient pu leur occasionner (étant donné l'effectif considérable de leur marine marchande ordinaire), des mises de fonds assez onéreuses pour justifier l'âpreté actuelle dont ils usaient à l'endroit des croisés.

Mais je me contenterai de relever le chiffre de 34,000 marcs, et de soulever, à propos de ce chiffre lui-même, la question de savoir si cette âpreté était réelle ou feinte. Je prendrai les évaluations données par M. de Wailly dans le savant commentaire dont j'ai eu à discuter un point au commencement de ce mémoire [1] ; à 52 francs par marc, 34,000 marcs valaient (abstraction faite du pouvoir relatif), 1,768,000 francs de notre monnaie. Or il y avait là les plus riches seigneurs de France et de Flandre ; de plus, l'argent de la croisade, bien qu'un peu dilapidé par les collecteurs [2], n'avait pas encore été entièrement versé ; toutes les dîmes n'étaient point encore payées [3] ; aussi bien donc par la solvabilité personnelle de ses membres, que par l'actif perçu ou à percevoir qu'elle possédait à titre de personne morale, l'armée offrait, à des prêteurs quelconques, une garantie indiscutable. Comment expliquer alors qu'elle ait été retenue cinq mois pour une somme à peine égale au cinquième de la rançon exigée trois ans auparavant de Richard Cœur de Lion, à cinq fois celle qu'à lui seul l'évêque de Beauvais paya en 1225 à Jean sans Terre [4] ? Suivant Villehardouin [5], les comtes de Blois et de Saint-Paul, et Baudouin lui-même, le seigneur des riches cités de l'Escaut, empruntant tout ce qu'ils avaient pu trouver sur leur signature, avaient déjà épuisé leur crédit auprès des banquiers vénitiens, au moment d'une collecte générale dont le total n'avait atteint que le chiffre insignifiant de 14,000 marcs, produit des dons volontaires et de la fonte de l'argenterie de l'armée entière.

Cette âpreté du côté de Venise pour une somme relativement peu importante, cette impuissance du côté des croisés à

---

[1] M. de Wailly, l. c.
[2] Jacobi Vitriac. *Hist. Occid.* cap. 8, p. 288 ; *Inn. III Epist.*, V, 141. Cf. Hurter, t. II, p. 743.
[3] *Inn. III Epist.* (dans les *Gesta*, n° 84) et VIII, 37. Cf. *Dev. C. P.*, p. 86.
[4] Roger de Wendower, III, p. 143.
[5] Villeh., n° 61. Comparez l'exiguïté du chiffre de la seule obligation des croisés qui nous soit parvenue — 187 marcs prêtés au comte de Flandre. (Tafel et Thomas, t. I, p. 285.)

parfaire cette somme, soit en espèces, soit par voie d'emprunt, sont au moins extraordinaires; et si, du conseil de la République, avec ou sans le consentement tacite des hauts barons de la croisade, n'est pas parti un mot d'ordre destiné à tromper l'armée sur la véritable cause de sa détention, — mot d'ordre interdisant aux mêmes banquiers qui avaient, en 1201, si facilement prêté 5,000 marcs à Villehardouin et à ses compagnons [1], de renouveler désormais ce genre de contrat à quelque condition que ce fût, — il faut se résoudre à admettre qu'il y eut là, de la part de marchands aussi soigneux de leurs finances, une singulière infraction à leurs règles commerciales habituelles. Mais l'étonnement causé par ce fait insolite cessera, si l'on se reporte à la date du traité conclu avec Malek-Adel (le 13 mai), traité dont les ratifications ne purent être échangées à Venise avant le 15 juillet [2]; et la nécessité de laisser le temps à l'émir Sead-Eddin d'arriver avec les plénipotentiaires de la République, expliquera du même coup, et la détention prolongée de l'armée au Lido, et les obstacles rencontrés par les tentatives d'emprunt des barons. Aussitôt Sead-Eddin parti, il ne faudra point être surpris de voir la proposition d'attaquer Zara, — seule combinaison immédiatement pratique trouvée par les Vénitiens pour remplir, en détournant la croisade, leurs engagements tout récents avec les Infidèles, — venir succéder aux exigences pécuniaires de la République.

Je n'ai pas besoin de rappeler quelle émotion ce projet d'agression contre une ville chrétienne, dépendant d'un souverain qui avait lui-même pris la croix, produisit, non-seulement dans le camp du Lido, mais encore et surtout parmi les pèlerins qui, pour ne point partager le sort de leurs compagnons, attendaient en Lombardie l'issue des événements; le passage, par l'Italie centrale, des nombreux chevaliers qui désertèrent alors, pour se rendre en Pouille, et de là en Terre sainte, éveilla l'attention d'Innocent III [3], et le cardinal Pierre Capuano, qui avait déjà présidé en France aux préparatifs de la croisade, fut immédiatement envoyé à Venise, pour encourager

----

[1] Villeh., n° 32.
[2] Hopf, *Op. cit.*, p. 188; il fallait au moins ces deux mois pour venir du Caire à Venise.
[3] Günther, n° 6.

l'armée dans sa résistance à la nouvelle proposition de la République [1]. Il arriva le 22 juillet [2], et fut reçu par les Vénitiens, dont il venait contrecarrer les projets, d'une manière inconvenante, et sans même que l'on daignât reconnaître le titre officiel dont il était revêtu [3]. Le conseil de la République, s'appuyant sur l'impossibilité, plus ou moins réelle, où se trouvaient les croisés, d'éteindre le reliquat de leur dette, et sur le déficit de passagers amené par les désertions récentes, persista à retenir toujours au Lido, comme un gage précieux, cette armée qu'il ne pouvait renvoyer sans exciter les clameurs de la chrétienté tout entière [4], sans manquer d'ailleurs (au cas où les Latins expulsés se fussent rendus en Egypte par une autre voie) au pacte tout récemment conclu avec Malek-Adel, enfin sans renoncer à la correction exemplaire qu'ils se flattaient d'infliger, les croisés aidant, aux pirates de la Dalmatie. De leur côté, les Latins, enfermés au Lido, croyaient avec candeur — les uns (ceux qui, comme Villehardouin, se pensaient bien informés), qu'il n'y avait seulement en jeu que cette question de Zara, en réalité tout à fait secondaire, — les autres (*le commun de l'ost*), que l'on attendait pour partir l'expiration des trêves de Syrie [5], trêves qui ne devaient prendre fin que le 21 décembre 1203 [6] !

Boniface trouvait donc à son arrivée l'armée pleine d'irritation contre la République, les Vénitiens exaspérés de la résistance des croisés, et le légat du pape impuissant à rétablir la concorde entre les deux partis, et à les faire sortir de cette impasse. Quel terrain merveilleusement préparé pour la solution

---

[1] « Quem S. Pontifex ad hoc direxerat ut præfatam sedaret controversiam, « ageretque cum Venetis ut Christi militiæ versus Alexandriam præstarent « navigium. » (Günther, n° 5.) Cf. *Gesta*, n° 85.

[2] « In festo B. Mariæ Magdalenæ. » (*Dev. C. P.*, p. 87.)

[3] « Inhonoratus a Venetis. » (*Gesta*, n° 85.) « Noluerunt recipere cum ut « apostolicæ sedis legatum. » (*Epist. Inn. III*, VII, 200.). Cf. VI, 48, VII, 18 ; Günther, n° 6.

[4] M. de Wailly (p. 433) n'est point de cet avis, et regarde comme une preuve de la probité commerciale de Venise, le fait de n'avoir pas congédié les croisés en gardant les 51,000 marcs des premiers versements.

[5] « Propter pacem in transmarinis partibus inter christianos et ethnicos factam. » (*Annal. Colon. Max.*, d. Pertz, t. VI, p. 810.)

[6] Elles avaient été conclues pour cinq ans et six mois, le 21 juin 1198 (Abu Schamah (d. Wilken, *Gesch. d. Kreus.*, t. V, p. 58) et ne furent rompues qu'en nov. 1203 (Eracles, p. 258), pour être prolongées de cinq nouvelles années en décembre 1204 (Eracles, p. 263.) ; cf. Roger de Hoveden, t. IV, p. 68.

inespérée que le marquis apportait à ces embarras, et qu'il allait faire accepter par tous, avec cette *sagacité* qu'Innocent III est forcé, à ses dépens, de lui reconnaître [1] ! Il ne s'agissait pas, d'ailleurs, d'agir ouvertement : Boniface n'était point populaire parmi les croisés qu'il commandait [2], et le soin qu'il prit de se faire prêter serment en forme, nous montre qu'il avait conscience de cette impopularité; superposer publiquement, à la proposition d'attaquer Zara, le projet beaucoup plus grave d'intervenir contre une autre puissance chrétienne, bien plus redoutable que la Hongrie, eût certainement amené la dislocation immédiate de la croisade. Ce n'était point ce que voulait le marquis; un très-petit nombre de personnes durent donc prendre part aux pourparlers qui s'engagèrent : d'un côté Boniface, avec les gens envoyés de Vérone par Alexis [3], personnages trop obscurs pour qu'on ait cru devoir nous conserver leurs noms [4]; de l'autre, le doge et son conseil privé et enfin les trois grands barons, Baudouin de Flandre, Louis de Blois, et Hugues de Saint-Pol, assistés de quelques fidèles discrets comme Villehardouin. Ni les chevaliers, ni même les évêques et les abbés n'y furent admis; nous en avons la preuve dans ce fait que Clari, d'une part, Conrad de Halberstadt et Martin de Pairis, de l'autre, paraissent avoir complétement ignoré ces premières négociations.

Les trois comtes, probablement déjà initiés, depuis leur

[1] M. Winkelmann (*Op. cit.* p. 525) pense que Boniface ne prit aucune part aux négociations de Venise : le passage cité plus haut des *Gesta*, n° 84, me paraît en contradiction formelle avec cette assertion.

[2] Voir M. de Wailly, pp. 458, 459.

[3] Villeh., n° 72; Rigordus, *l. c.*; *Inn. III Epist.* t. V, 122; cf. Wilken, t. V. p. 153, note 30, et Winkelmann, p. 526, qui proposent au texte de la lettre d'Innocent III une rectification indispensable (*Alexius*, au lieu de *Philippus nuntios misit*, etc.); Villehardouin place l'arrivée de ces messagers après la conclusion de la transaction relative à Zara, et la cérémonie dans laquelle le doge prit la croix; ce qui prouverait seulement qu'ils n'ont paru que pour ratifier, au nom d'Alexis, les propositions de Boniface.

[4] On pourrait penser aux Pisans de la suite d'Alexis, qui, suivant Villehardouin (n° 70), auraient été, en cette affaire, les conseillers du jeune prince. Mais l'année précédente, Pise avait envoyé dans l'Adriatique une flotte qui avait enlevé Pola aux Vénitiens, et — la paix que le jeune Alexis ménagea l'année suivante (Nicetas, p. 739) n'étant pas encore faite entre les deux villes — des Pisans ne pouvaient songer à se montrer à Venise. Il faut donc plutôt supposer que c'étaient des Allemands s'en retournant dans leur pays, comme Luthold, évêque de Bâle; voir Winkelmann, p. 188; O. Abel, p. 372.

passage en Lombardie, aux projets de Philippe de Souabe, ne durent pas faire une longue résistance à tout ce que Boniface, exploitant leur pénurie [1], dut leur dire pour les amener à accepter, avec les propositions allemandes, le seul moyen de sortir de leurs embarras pécuniaires. D'ailleurs, suivant le marquis, il ne s'agissait alors, en aucune façon, de déserter la cause de la Terre sainte, mais seulement — à l'aide d'un simple détour pris pour se rendre en Égypte — de se procurer, à Constantinople, à la fois des vivres, des subsides et un secours militaire important, et d'amener, avec la restauration du jeune Alexis, l'union tant souhaitée des deux Églises ; on autorisait de plus et sans difficulté les trois comtes à soumettre toutes ces propositions à l'autorisation préalable d'Innocent III [2].

Quant aux Vénitiens, qui paraissent, jusqu'à ce moment, n'avoir absolument rien su des projets de Philippe, leur consentement dût être plus difficile à obtenir : d'abord ils tenaient à la conquête de Zara ; puis, pouvaient-ils ne point regarder comme dangereuse, au cas de la restauration du beau-frère de Philippe, la soumission de l'empire d'Orient, leur voisin, à la politique de l'Allemagne, et ne point craindre de se trouver serrés de trop près entre ces deux puissances unies? En outre, l'abandon qu'ils firent plus tard de leur part continentale dans la division de l'empire en 1204, contre des îles ou de simples comptoirs, montre qu'ils ne pouvaient guère se soucier, en 1202, de participer à l'occupation militaire que devait nécessairement entraîner le nouveau projet. Enfin, et surtout, la dernière clause de la convention proposée par Boniface, celle qui rendait, en la reculant, l'attaque contre l'Égypte plus dangereuse encore qu'auparavant pour Malek-Adel, menacé, en ce cas, de l'alliance de toutes les forces byzantines

[1] C'était bien l'intention de Philippe de Souabe, pour le compte duquel il négociait : « Philippus, intelligens eorumdem necessitatem, et a rebus « exhaustos esse, et pecuniæ Venetis solvendæ maximam adhuc partem « restare, etc... » (Chron. Halb., p. 73.)
[2] « Dicti principes, deliberato consilio, responderunt quod cum in tanto « arduo negotio sine mandato et auctoritate nostra non possent procedere, « nec deberent, nos volebant consulere. » (Inn. III Epist., V, 122.) M. Winkelmann voit, dans ces paroles du pape s'adressant à Alexis III, une sorte de forfanterie destinée à effrayer l'empereur grec, et contredite par le silence que garde Villehardouin (n° 70) sur une approbation quelconque demandée au pape : mais entre une des réticences habituelles de Villehardouin, et l'affirmation catégorique d'Innocent III, l'hésitation ne saurait être permise.

avec celles de la croisade, était en contradiction formelle avec
le récent pacte du Caire, et les engagements solennels pris par
les Vénitiens envers le sultan.

Mais, d'un autre côté, il y avait évidemment à Venise un
parti animé d'une haine vivace contre l'empire grec, et invin-
ciblement attiré vers le Bosphore : c'était le même parti qui,
en 1199, avait déjà menacé Alexis III de la restauration [1] de
son neveu, et qui voulut, quelques années plus tard, transporter à Constantinople le siége de l'état [2]. Or à ce parti appar-
tenait le doge lui-même, attendant encore la vengeance des
outrages subis par lui en 1172 [3], ainsi que le payement des
indemnités de Manuel, et d'ailleurs mieux disposé pour Philippe
que pour Alexis III, qu'il avait, en 1199, refusé de servir contre
l'Allemagne [4]. Ce fut donc, probablement, grâce à Henri Dandolo [5], dont Nicétas nous peint les rancunes [6] sous de si noires
couleurs, que Boniface put réussir à faire entrer le conseil de la
République dans les vues de Philippe. Comment ce résultat fut-
il obtenu? Le consentement donné en principe par le marquis,
comme chef des croisés, à l'attaque de Zara, sous la seule condition que le doge et les grands de Venise prendraient la croix,
suffit-il pour déterminer l'acceptation des propositions allemandes? Ne dut-on pas assurer à Venise le monopole commer-
cial qu'elle avait toujours rêvé en Romanie? Boniface montra-
t-il le fond de sa pensée, et prit-il l'engagement de retenir
indéfiniment la croisade loin de l'Égypte, par une occupation
militaire prolongée de l'empire grec? ou plutôt le doge, dont
l'habileté politique ne le cédait point à celle du marquis, et qui
connaissait encore mieux que Boniface, Constantinople et la
faiblesse du parti d'Isaac II, se crut-il assez fort pour faire
naître, dans l'avenir, les complications que nous le verrons provoquer plus tard, et amener rapidement, avec la chute du jeune
prince, la conquête latine de Byzance et l'ajournement indé-

[1] « Cum Alexius timeret ne Veneti erga eum nepoti assisterent. » (Andr.
Dand., d. Murat., t. XII, col. 318.)
[2] En 1225. Cf. Sauli, t. I, p. 40.
[3] Voir plus haut, p. 25, note 1.
[4] Voir plus haut, p. 24, note 3.
[5] Sanudo le jeune (Vite d. duchi Venez., d. Murat., t. XXII, col. 527) prétend que Boniface avait épousé une fille de Dandolo, ce qui ajouterait un
motif de plus à leur connivence.
[6] Nicetas, p. 713.

fini de l'expédition contre l'Égypte ? Tout nous le fait supposer,
bien que rien ne nous l'indique précisément ; mais, comme
de petites causes déterminent souvent, au dernier moment, les
grandes résolutions, il ne faut point négliger ici de rappeler,
une seconde fois, le succès imminent des négociations d'Ottobono della Croce à la cour d'Alexis III [1], succès dont Venise
put être informée dès le mois d'août : ce dut être la goutte
d'eau qui fit déborder le vase des rancunes vénitiennes ; la
République se jeta dans les bras de Boniface.

Tout se trouve alors conclu à la fois : Venise accorde aux
propositions allemandes une adhésion au moins provisoire ;
le doge et les grands prennent la croix ; une ambassade
grecque, envoyée par Alexis III pour conjurer le péril, arrive
trop tard, et est honteusement éconduite [2]. D'autre part, les
barons consentent, contre promesse d'un délai pour acquitter
les trente-quatre mille marcs [3], à attaquer Zara, dont la ruine

---

[1] Voir plus haut, p. 338, note 6.

[2] « Alexio imperator, dubitando del neuodo fuzido, mando a la signoria di
« Venetia obligandosse uolerli deffender da tutto il mondo, onde miser lo
« doxe li ripoxe ringratiandolo de la sua bona offerta et dispositione. Et
« quando li ambasciatori de lo imperator uetteno tanta baronia et chaual-
« laria et aparechiamento de naue et gallie, se deno gran marauiglia, et subito
« ritornorono in Constantinopoli, et domandadi da lo imperator de la risposta
« haueano habuta, disseno : Chauaiaria, chara uia, chatregapolla (Καβαλλάρια,
χαραβία, κάτεργα πολλά) (Zorzi Dolfin, *Cronica di Venesia*, f. 76, d. Thomas,
Ub. die handschr. venez. Chronicken, dans les *Bayer. Akad. Sitzungsber.* 1864,
t. II.) Cf. Sanudo le jeune (d. Murat., t. XXII, col. 529.)

[3] C'est Villehardouin (n° 62-69), qui paraît ne considérer le concours des
croisés au siège de Zara, que comme équivalent à une prolongation de délai
pour le payement des 34,000 marcs, et qui nous montre (n° 193) chaque chevalier croisé, après la restauration d'Alexis, remboursant les Vénitiens sur
les premiers versements des subsides byzantins. D'autre part, Ernoul
(p. 349 ; cf. M. de Wailly, p. 433) parle au contraire d'une remise de la dette
entière, et le pacte anticipé de partage de l'empire grec conclu entre les
deux sièges de Constantinople (Tafel et Thomas, t. I, pp. 444 et suiv.) ne contient
aucune revendication des Vénitiens au sujet de ce solde de compte. Cette
contradiction apparente provient de ce qu'Alexis s'était purement et simplement substitué aux croisés à l'endroit des 34,000 marcs. « Ipse promissam
« ab eis pecuniam solveret. » (*Gesta*, n° 89.) — « Quod liberaret eos de de-
« bitis xxxiiii millium marcarum argenti quibus Venetianis tenebantur. »
(Rigordus, d. D. Bouq., t. XVII, p. 55.) ; cf. Clari. p. 46 ; Baudouin d'Avesnes
(d. Tafel et Thomas, t. I, p. 339). Peut-être aussi, comme l'avance, sans
indication de source, Lucius (*De regno Dalmatiæ*, pp. 153, 155), la part revenant aux croisés dans les dépouilles de Zara (Cf. Clari. p. 11-14 ; *Chron.
Halberst.*, p. 72) avait-elle servi à rembourser, en partie, les 34,000 marcs ?
bien que l'*Epist. Inn. III*, VI, 202, parle de la dette comme existant encore
tout entière en juin 1203.

devient ainsi, de fait, le prix du marché commun ; on envoie
au roi des Romains, pour obtenir de sa bouche la confirmation
des propositions allemandes, des messagers [1], chargés d'aller,
en passant, à Vérone, calmer, par ces heureuses nouvelles,
l'attente dans laquelle se morfondait Alexis, et d'emmener avec
eux le jeune prince auprès de Philippe [2]. Puis, de crainte de
nouvelles désertions, on se hâte de précipiter l'embarquement
de l'armée (1er octobre), quitte ensui e à la promener le long des
côtes de l'Adriatique tout le temps nécessaire pour gagner la mauvaise saison [3], rendre ainsi matériellement impossible tout passage en Égypte, et cependant permettre au traité de se conclure
définitivement en Allemagne, et de revenir ensuite recevoir l'approbation du pape, avant d'être divulgué au *commun de l'ost*.

C'est pour chercher cette approbation [4] que le cardinal Pierre
Capuano, et ensuite Boniface lui-même, partirent pour Rome,
au lieu d'accompagner l'armée dont ce dernier avait reçu le
commandement officiel, et à laquelle le premier était attaché
en qualité de légat. Il ne fallait rien moins qu'une raison aussi
grave pour motiver, au début même de la campagne,
l'absence simultanée du chef temporel et du chef spirituel de
l'expédition. Villehardouin, fidèle à sa coutume d'envelopper
de réticences habiles les faits qui le gênent, nous apprend
seulement que le marquis était « *demorés ariere por afaire que*
« *il avoit* [5]. » Heureusement les *Gestes d'Innocent* viennent
suppléer au silence intéressé du maréchal de Champagne,
et rendre indubitable, à cette époque, un voyage de Boniface
à Rome [6]. Le marquis emmenait avec lui un homme honoré

16.
Voyage à Rome
de
Pierre Capuano
et de Boniface.

---

[1] On ignore leur nom : peut-être l'un d'eux fut-il Pierre de Bracieux, qui
ne reparait à Zara qu'à l'époque du retour de cette ambassade. (Villeh., nº 91.)

[2] Villeh., nº 72.

[3] Partie de Venise le 1er octobre, la flotte arrive le 2 à Pirano (Tafel et Thomas, t. I, p. 387), revient le 5 à Trieste (Id., *ibid.*), puis à Muggia (Id., t. I,
pp. 396-403), s'arrête ensuite à Pola (Clari, p. 13), et ne parait devant Zara que
le 10 novembre. (*Chron. Halb.*, p. 72.)

[4] « Dicti principes... inducentes dilectum filium nostrum, Petrum tit. S.
« Marcelli pr. card..... ut, ad praesentiam nostram rediret, et super praedictis
« omnibus nostram inquireret voluntatem. » (*Inn. III Epist.*, V, 122.)

[5] Villehard., nº 79.

[6] « Marchio Montisferrati qui fuerat super hoc (negocio Jaderæ) a domino
« papa VIVA VOCE prohibitus. » (*Gesta*, nº 85.) Comme à l'époque du premier
voyage de Boniface à Rome (février 1201), il n'avait pu être question entre lui et
le pape de l'affaire de Zara, il faut bien en admettre un second, qui ne peut
se placer qu'ici.

4

depuis longtemps de la confiance du pape [1], le sage Pierre, abbé de Locedio [2], plus tard évêque d'Ivrée et patriarche d'Antioche. Firent-ils route avec le cardinal? rien ne permet de l'affirmer nettement; mais le rapprochement minutieux des dates amène à donner comme certaine la présence simultanée, auprès du Souverain Pontife, de ces trois personnages, au moins après le 1er octobre [3], c'est-à-dire au moment même des pourparlers que des témoignages certains établissent avoir eu lieu entre chacun d'eux et Innocent III.

Pierre Capuano avait été jusque-là l'un des instruments les plus utiles de la politique pontificale : chargé des missions les plus difficiles et les plus délicates, il s'en était acquitté à la satisfaction du pape; l'un des premiers dépositaires du plan caressé par Innocent III, c'était à lui qu'avait été commise l'organisation de la croisade en France; et pourtant, lui aussi, d'abord dupe des Vénitiens dans l'affaire du pacte avec Malek-Adel, pacte dont il ne paraît pas avoir soupçonné un seul mot, s'était ensuite laissé prendre aux piéges de Boniface, et revenait de Venise converti aux projets allemands. Une récente théorie, qui s'est produite de l'autre côté du Rhin, et qui tendrait à ne voir, dans les passages consacrés par Sicardi de Crémone aux événements de Terre sainte et de Constantinople, que les restes d'une *Histoire de la IIIe et de la IVe croisade* [4] composée par un acolyte de Pierre Capuano, sous l'inspiration de ce dernier, et pour servir comme de monument à la gloire des Montferrat d'Orient, viendrait jeter un jour tout nouveau sur cet accord extraordinaire du cardinal et du marquis. Mais que l'on admette ou que l'on rejette cette hypothèse, il n'en reste pas moins certain que la sympathie dont les récits de l'évêque de Crémone font preuve à chaque page

[1] *Inn. III Epist.*, II, 39, 223; *Annal. Cist.*, t. III, p. 345; Roger de Hoved. (éd. Stubbs), t. IV, p. 68; *AA., SS.,* Jul., IV, p. 140.

[2] Sur ce personnage, voir Irici (*Res Patriæ*, t. II, p. 15), qui l'a parfaitement identifié, comme le voulait du reste Albéric (p. 457), avec Pierre, patriarche d'Antioche. L'abbaye de Locedio avait été l'objet de donations de Boniface le 9 février 1193 et le 29 janvier 1194. (Arch. de Turin, *Locedio*, mazzo I, n°s 7 et 8.)

[3] Innocent séjourna à Velletri du 14 septembre au 29 octobre, et passa le reste de l'année à Rome ; c'est dans l'une de ces deux villes qu'eurent lieu les pourparlers.

[4] Dove, *Die Doppelchronik v. Reggio* (Lpz. 1873), pp. 109-140 ; cf. *Jenaer Literaturzeit.* 1874, n° 30, pp. 456 et suiv.

envers Boniface et sa famille, permettent de supposer que les mêmes sentiments étaient partagés par le cardinal, dont Sicardi resta le fidèle compagnon. Ce qui peut être plus difficile à deviner, ce sont les moyens dont usa Boniface pour se faire de Capuano un ami et un admirateur, et pour obtenir l'adhésion si prompte du juge austère de Philippe-Auguste aux propositions du jeune Alexis. Sans doute le cardinal ne connut-il point le fond de la pensée du marquis, et ne pénétrant qu'imparfaitement les desseins poursuivis par le roi des Romains, ne vit-il, dans la restauration demandée, qu'une affaire propre à servir aussi bien les intérêts de la Terre sainte, en raison des subsides offerts par le prétendant, que ceux du Saint-Siége par la réunion des deux Églises. Il arrivait donc, tout pénétré des idées de Boniface, exposer à Innocent III, d'abord l'attaque projetée contre Zara, telle qu'avaient fini par la comprendre les croisés, c'est-à-dire comme une simple démonstration militaire à faire contre des pirates à demi hérétiques [1], démonstration ne devant entraîner aucune effusion de sang chrétien ; il avait, en même temps, à avouer au pape, non-seulement la faiblesse qu'il avait cru lui-même devoir, en cette occasion, montrer devant les insolentes exigences de Venise, mais encore le soin qu'il avait mis à calmer les colères ou à étouffer les scrupules des croisés, engageant, malgré leur répugnance, les prélats et les clercs de l'armée à ne point déserter l'expédition [2]. Il venait enfin soumettre à Innocent III, de la part des chefs de l'armée, les propositions allemandes, et en faire valoir les avantages aux yeux du Souverain Pontife [3].

Boniface se trouva là pour joindre sa voix à celle du légat, et, soit qu'il voulût seulement endormir le pape et obtenir de lui une neutralité tacite, soit qu'il se flattât encore de le faire revenir sur son refus du printemps précédent, il tenta un dernier effort en faveur du plan de Philippe de Souabe. Il paraît avoir eu, de plus, en cette occurrence, l'habileté d'abriter sa responsabilité derrière Capuano lui-même, et de se décharger

[1] Thomas Spalat., *Hist. Salonitana* (dans Lucius, *De regno Dalm.*, p. 333), qui prend franchement sur ce point le parti de Venise.
[2] *Chron. Halberst.*, p. 72 ; Günther, n° 6.
[3] *Inn. III Epist.*, V, 122.

sur le malheureux confident du pape, compromis par lui dans cette intrigue, de la paternité des projets allemands [1].

Mais le pape ne fut séduit ni par l'opinion de son légat, ni par les belles paroles de Boniface, ni par ces fameux *Promissa Philippi* [2] auxquels nous avons déjà emprunté un si curieux passage, et qui paraissent à cette époque avoir été envoyés d'Allemagne à Rome pour la première fois [3]. Pour l'affaire de Zara, il se montra entier et inflexible : le légat fut désavoué, Boniface se vit sommé de ne point rejoindre actuellement l'expédition, et de protester, par son absence, contre une entreprise aussi criminelle aux yeux du pape; enfin l'abbé de Locedio fut expédié en toute hâte, avec la mission de chercher à rejoindre les croisés, avant que l'attentat fût consommé, pour leur signifier en forme l'inhibition pontificale [4].

Quant à la question de Constantinople, bien que déjà le pape ne parût point devoir y donner une solution plus encourageante qu'à celle de Zara, elle est cependant, de sa part, l'objet de délibérations plus longues. Un nouvel incident venait en effet de surgir : mieux informée que l'Occident des menées de Philippe de Souabe, Constantinople s'était émue, avant les croisés eux-mêmes, du rôle que l'on se préparait à leur faire jouer; on s'y redisait les prophéties que Tzetzès, le protégé de Berthe de Sulzbach, avait laissées sur l'entrée prochaine des Allemands dans la ville impériale [5], et l'on s'y indignait ouver-

---

[1] C'est du moins le procédé assez discourtois dont il usa envers Capuano, pour se disculper plus tard aux yeux du pape d'avoir mené les affaires d'Alexis. « Quod autem illius adolescentis (Alexii) suscepisti ducatum consi-« lium fuit dilecti filii P. tit. S. Marcelli presb. card. » (*Inn. III Epist.*, VIII, 133.) Cette lettre est très-postérieure, mais elle reproduit toutes les excuses que Boniface avait présentées au pape de sa conduite.

[2] *Inn. III Opera*, éd. Migne, IV, p. 296 : voir plus haut, p. 34, note 2.

[3] Voir Winkelmann, *Op. cit.*, p. 297, où ce document et les faits qui s'y rattachent sont commentés avec détails.

[4] « Hanc inhibitionem et excommunicationem fecit eis per abbatem de « Locedio certius intimari. » (*Gesta*, n° 85.) L'existence de ces lettres est attestée par les *Epist. Inn. III*, V, 161, 162, et par Petrus Vallicernensis (dans D. Bouq., t. XIX, p. 23); elles sont, il est vrai, perdues, mais on sait que, si les croisés n'en tinrent pas compte, ils les reçurent du moins en temps utile (*Chron. Halb.*, p. 73.); seulement ce fut l'abbé de Vaux de Cernay qui eut le courage de les leur signifier (Petrus Vallic., *l. c.*), et non celui de Locedio, peut-être contraint, par crainte de Boniface, son bienfaiteur, à cet acte de faiblesse.

[5] Joh. Tzetzæ *Var. historiarum liber*, chil. IX, v. 277, dans les *Poetæ Græci veteres* (éd. de 1614), t. II, p. 417 ; cf. Gidel, *Oracles de Léon le Sage*, (d. l'*Ann. de l'Assoc. des Ét. grecques*, 1874, pp. 154-157.)

tement de l'apathie d'Alexis III [1]. Sous la pression de l'opinion
publique, ce prince s'était décidé à envoyer à Venise, pour
conjurer l'orage, l'ambassade dont nous avons parlé tout à
l'heure, et malgré l'insuccès de celle-ci [2], une seconde venait
d'arriver à Rome [3], précisément à l'époque où s'y trouvaient le
marquis et Pierre Capuano ; elle avait remis à Innocent III un
chrysobulle, dans lequel Alexis III exhalait en termes amers [4]
ses plaintes contre l'entreprise que Philippe, avec l'aide des
croisés, se préparait à tenter contre Byzance, et réduisait à leur
juste valeur les prétentions du jeune Alexis ; l'empereur cherchait d'ailleurs à cacher, sous un langage hautain, tous les
symptômes d'une terreur mal dissimulée.

Pris entre les réclamations du souverain grec et l'insistance
de Boniface, Innocent III semble être retombé encore une fois
dans les hésitations du printemps précédent. L'affaire fut
discutée dans les conseils des cardinaux [5], débattue et pesée
longuement dans l'esprit même du Souverain Pontife. Enfin
une décision fut prise ; et cette décision, tout en revêtant, du
côté de Boniface, les apparences d'une fin de non-recevoir,
paraît avoir voulu, à l'égard d'Alexis III, réserver formellement
l'avenir, en faisant de l'accomplissement des promesses de
l'empereur relativement à l'union, la condition *sine quâ non*
d'une intervention quelconque du pape dans le sens demandé
par la cour de Byzance [6]. La croisade restait ainsi entre les

[1] Nicetas, p. 716.
[2] Voir plus haut, p. 54, note 1. Il y aurait peut-être lieu de rapprocher de cette ambassade le mariage qui eut lieu l'année suivante entre Léopold, duc d'Autriche, alors adversaire de Philippe de Souabe, et une princesse grecque du nom de Théodora, dont les *Annales de Melk* font à tort la fille d'Alexis III (*Annal. Mellic.*, d. Pertz, t. IX, p. 506) — l'empereur grec ayant pu chercher dans cette union, à la fois une alliance contre le roi des Romains et une diversion au plan projeté en faveur d'Alexis IV. Ce mariage expliquerait aussi que le duc d'Autriche et les nombreux croisés dont parle Joseph ha Cohen (voir plus haut, p. 25, note 3), n'aient pas rejoint l'expédition dont ils avaient promis de faire partie. Mais avant d'étudier à fond cette hypothèse, il faudrait avoir sur les circonstances de ce mariage et la véritable parenté de cette Théodora avec Alexis III d'autres renseignements que les deux lignes des *Annales de Melk.*
[3] C'était peut-être la même : car celle dont parle Dolfin dut se trouver à Venise en septembre, avant le départ des croisés pour Zara, et la réponse du pape aux envoyés d'Alexis est du 16 novembre.
[4] *Inn. III Epist.*, V, 122.
[5] *Id., ibid.*
[6] *Id., ibid.*

mains d'Innocent, comme une épée de Damoclès, suspendue
au-dessus de la tête d'Alexis III ; mais jusqu'à nouvel ordre,
et, en attendant la réponse de l'empereur à l'*ultimatum*
pontifical, défense formelle allait être faite aux croisés de
passer outre et d'attaquer la Romanie [1]. Pierre Capuano, dont
l'opinion n'était plus, en cette question, en harmonie avec celle
du pape, était retenu en Italie [2], de peur que, de retour
auprès des croisés, il ne se laissât aller à suivre plutôt ses
sympathies personnelles que les vues d'Innocent III, enfin
Boniface était éconduit, remportant un nouveau refus aux offres
de Philippe et du jeune Alexis : les finesses du marquis
venaient de s'émousser une seconde fois contre la rigidité du
pontife.

IV

PACTE DE ZARA.

17.
**Alexis
en Allemagne et
en Hongrie.**

Philippe de Souabe, tenu par Boniface au courant de toutes
ces négociations soit par des messages directs, soit plutôt par
l'intermédiaire des déserteurs allemands [3] de la croisade, ne
pouvait ignorer, ni l'échec subi à Rome par sa politique, ni le
succès inespéré qu'elle venait d'obtenir à Venise. Sentant qu'il
n'y avait plus rien à attendre d'Innocent III, il va désormais
entrer personnellement en scène, et agir ouvertement : l'ambassade latine qu'il s'est fait adresser si habilement par Boniface
aura même eu l'avantage de le faire paraître, aux yeux de
tous, étranger jusqu'alors à l'affaire d'Alexis : il semblera
n'avoir fait qu'accueillir avec bienveillance les offres de ceux
dont tous ses efforts avaient tendu en réalité à provoquer le
concours.

Il est à Trèves au mois d'octobre [4], après avoir passé l'été

[1] *Inn. III Epist.*, VI, 101, 102 ; *cf. Gesta*, n° 93, et *Epist.*, VII, 18.
[2] Il ne quitta Rome que vers la fin de novembre : « ante adventum »
(*Inn. III Epist.*, VI, 120), et alla résider sur la côte italienne de l'Adriatique
mais non à Zara même.
[3] *Cf.* Günther, n° 6.
[4] Ou à Spire, 8 nov. (*Cf.* Böhmer, *Regesta Imper.*, p. 14).

en Franche-Comté : c'est là que cette ambassade, partie de
Vérone en septembre, avec le prétendant et ses conseillers,
vient trouver le roi des Romains. A partir de ce moment,
Philippe prend officiellement la direction des intérêts de son
beau-frère [1] : il lui dicte ses volontés [2], ou plutôt parle au
nom du jeune prince ; ce n'est plus à ce dernier, mais au roi
lui-même que les messagers des croisés ont affaire ; c'est avec
Philippe que sont discutées et arrêtées les clauses du pacte
convenu en principe à Venise ; enfin, c'est de son sceau royal
que l'instrument lui-même est revêtu. Vers le commencement
de novembre [3], les messagers des croisés peuvent prendre
congé, accompagnés cette fois d'envoyés allemands [4], chargés
d'intervenir officiellement, au nom du roi des Romains, dans
les affaires de la croisade ; et, le premier janvier 1203 [5], ils
viennent rejoindre la flotte vénitienne, depuis six semaines
maîtresse de Zara.

Ici doit se placer la discussion d'un point assez obscur : la
question de savoir si Alexis accompagna les ambassadeurs de
son beau-frère jusqu'à Zara, ou si, au contraire, il se sépara
d'eux en route, pour aller en Hongrie auprès du roi Émeric [6].
Un certain nombre de témoignages [7], acceptés comme véridiques
jusque dans ces derniers temps, se prononcent pour la première
hypothèse. Mais Villehardouin, Clari et Dandolo [8], qui entrent
dans des détails plus circonstanciés, établissent d'une manière
indiscutable que le prétendant ne rejoignit les croisés qu'à
Corfou. Ernoul [9], qui place, entre ce dernier événement et les

[1] « Juvenem direxit ad principes. » (Günther, n° 8.); cf. Clari, p. 26.
[2] « Consilii sui aperuit voluntatem.» (Chron. Halb., p. 73.) — « Et li envoia
« li rois Phelipes d'Alemaigne. » (Villeh., n° 111.) » — « Legatione accepta a
« sorore et Philippo (Alexius) rediit in Greciam. » (Burc. Biber., p. 236.) —
« Constantinopolis..... ordinatione regis Philippi propter socerum ipsius...
« obsessa et capta est.» (Chron. Montis Sereni, ed. Eckstein, p. 72.) — « Per
« consilium regis Philippi. » (Albericus, p. 425.) — « Missum a Philippo rege. »
(Günther, n° 8.)
[3] Il leur fallut au moins six semaines pour se rendre du Rhin à Zara.
[4] Les noms de ces envoyés sont restés inconnus.
[5] Dev. C. P., p. 88.
[6] Emeric vivait encore à cette époque et avait pris la croix. (Epist. Inn. III,
VII, 18, du 25 février 1204.); cf., ibid., VII, 127.
[7] Ils partirent tous ensemble (Günther, n° 3). Günther (l. c.), Sanudo l'ancien (l. c.), Savellico I, c. II, f. 63, l'Anon. Suessionensis, dans le Rituale
Suess., p. 267, et Ernoul (l. c.) font suivre Alexis jusqu'à Zara.
[8] Villeh., n°° 108 et s.; Clari, p. 26.; And. Dandul., l. c.
[9] Ernoul, l. c.

conférences de Zara, le voyage d'Alexis en Hongrie, a donc fait
une confusion manifeste.

Quant à ce voyage, reporté entre le mois de novembre 1202, date du départ d'Allemagne de la double ambassade, et la conclusion du pacte de Zara (février 1203), il faut
se résoudre à l'admettre comme à peu près certain, bien
que l'on ait peine à s'expliquer comment le souverain contre
les États duquel l'armée latine venait de se permettre une
agression de la nature de celle de Zara, ait pu recevoir à sa
cour un jeune prince qui allait être le pupille de cette armée ;
comment surtout, au moment même où Alexis était l'hôte du
roi de Hongrie, le seul homme qui, parmi les croisés, défendît
les intérêts de ce dernier [1] — Simon de Montfort — fût précisément l'un des adversaires des propositions du prince grec.

Une difficulté vient encore se greffer sur celle-ci : la plupart
des chroniqueurs occidentaux font d'Alexis le fils de Marguerite
de Hongrie, sœur d'Émeric et deuxième femme d'Isaac II,
qui l'avait épousée l'année même de son avénement (1185) [2] ;
en ce cas, Alexis aurait été le propre neveu d'Émeric [3], et
l'on s'expliquerait parfaitement les chaudes recommandations
dont l'impératrice détrônée [4] l'aurait, suivant Ernoul, muni
pour le roi son frère. Les textes grecs n'abordent pas, il est
vrai, cette question, mais la résolvent indirectement, dans le
même sens que les chroniqueurs latins, en présentant Alexis
comme un adolescent à peine sorti de l'enfance [5], et le faisant
ainsi naître postérieurement au deuxième mariage d'Isaac II.
Seule, mais d'une façon très-embarrassante, milite en faveur de
l'opinion contraire, la réclamation adressée à Innocent III [6] par
l'oncle et le persécuteur du jeune prince, l'empereur régnant
Alexis III, — réclamation qui, pour montrer l'inanité des
prétentions du jeune Alexis au trône, s'appuyait sur ce que ce
dernier n'était pas *porphyrogénète* [7], mais né, au contraire, du
premier mariage d'Isaac II. Faut-il supposer qu'Alexis III ait
sciemment voulu tromper le pape ? l'unanimité des autres

[1] Villehard., n° 109.
[2] *Inn. III Epist.*, VIII, 134.
[3] « Ex sorore nepos. » (And. Dandul., *l. c.*)
[4] Ernoul p. 360.
[5] Georg. Acropol., p. 6 ; Nicetas, p. 715.
[6] *Inn. III Epist.*, V, 122.
[7] Du Cange (*Familiæ byzant.*, p. 166) admet ce fait comme certain.

témoignages contemporains, et aussi l'union postérieure de
Boniface et de Marguerite, devenue veuve, — sorte de legs
d'affection recueilli après la mort du malheureux prétendant,
par celui dont la tutelle venait d'avoir, pour Alexis IV, une si
fâcheuse issue, — porteraient à le croire ; cependant, en l'absence d'un texte grec [1] ou hongrois contemporain bien formel,
on est contraint de laisser encore ce point secondaire dans
l'obscurité, ce qui, comme je viens de le dire, complique
encore la question de savoir ce que le jeune Alexis pouvait
aller faire en Hongrie.

Voici cependant l'explication qu'il me semble permis de
donner de ce fait, affirmé par tant de chroniqueurs, et que
d'ailleurs vient rendre encore plus vraisemblable l'impossibilité de faire revenir Alexis d'Allemagne à Zara dans le court
espace de temps qui sépara la conclusion définitive du pacte
(février 1203), et l'arrivée du jeune prince dans cette ville
(24 avril 1203)[2]. Béla IV, le père d'Émeric, avait été l'ami et
l'allié du grand Barberousse ; Émeric lui-même était en bons
termes avec Philippe de Souabe ; enfin, mère ou belle-mère du
jeune Alexis, l'impératrice Marguerite avait pris une part active
à l'évasion de ce dernier. Qu'y aurait-il d'étonnant à ce que
Philippe de Souabe eût conseillé à son beau-frère d'aller trouver, muni des recommandations de Marguerite, le roi de
Hongrie [3], et de se justifier auprès de celui-ci, comme il pouvait le faire sans peine, de toute participation à l'affaire de
Zara, pour éviter de la part d'Émeric une intervention qui eût
pu être gênante pour les projets allemands ? Alexis aura pu
faire valoir l'intérêt que le monarque hongrois avait à débarrasser de la flotte vénitienne les côtes de la Dalmatie, en
favorisant la conclusion du pacte projeté entre le prétendant
et les croisés : il aura pu exciter la compassion d'Emeric, en

---

[1] Celui de Georges Acropolite (1282) est trop récent, et se contredit par l'âge
même qu'il donne à Alexis en 1201 : « τὸν μεῖρακα ἤδη ἀμείβων. » (G. Acrop.,
p. 6.)

[2] Il aurait fallu au moins trois mois pour aller de Zara à Bamberg, où se
trouvait alors la cour de Souabe, et en revenir.

[3] Il est vrai qu'à cette époque Ottokar, roi de Bohême, qui venait de passer
au parti d'Othon (voir Winkelmann, p. 189), voulait faire entrer Emeric, son
beau-frère, dans la ligue de Thuringe (voir Winkelmann, p. 286) et y parvint
l'année suivante (Arn. Lubec., *Annal. Colon.*, ad. ann. 1203) : mais rien n'empêche d'attribuer en partie au désir de conjurer ce péril, la mission qu'aurait
donnée Philippe à Alexis.

faveur de Marguerite, et montrer ce pacte comme le seul moyen de mettre, à bref délai, un terme à la situation, si peu digne de sa naissance, que subissait, à Constantinople, la sœur du roi de Hongrie.

D'autre part, qu'Alexis ait osé solliciter Émeric de venir rejoindre les croisés, quand les ruines de Zara fumaient encore [1], et qu'à défaut d'un concours actif, il ait obtenu du monarque hongrois des lettres de recommandation pour l'armée latine, — lettres dont nous parlent André Dandolo et Jean d'Ypres [2], — il sera peut-être moins aisé de l'admettre, bien que l'on ne puisse refuser à Émeric, croisé lui-même, le privilége d'exiger de l'armée latine quelque complaisance, en réparation de l'outrage qu'il venait de recevoir [3], et le droit d'écrire aux croisés dans un sens qu'il ne pouvait d'ailleurs savoir opposé aux volontés d'Innocent III, seul défenseur de Zara contre Venise. Il faut dire, du reste, que ces lettres, si tant est qu'elles aient existé, n'ont pu avoir aucune influence sur la discussion du pacte de Zara ; car elles ne purent arriver qu'avec Alexis lui-même, c'est-à-dire, le pacte déjà adopté : seulement l'attitude, hostile aux projets allemands, que nous allons voir le comte de Montfort prendre dans le cours de la discussion de ce pacte, s'expliquerait alors par le fait, qu'agent du roi de Hongrie, il ignorait pourtant encore l'accueil fait par ce dernier au prétendant [4], et croyait servir Émeric en combattant une expédition favorisée par les Vénitiens, ennemis de ce prince.

18.
Réception à
Zara des envoyés
allemands. Retournons, après cette digression indispensable, à Zara, où viennent d'arriver, à quelques jours de distance, Boniface de Montferrat (15 décembre 1202), et le 1er janvier 1203, la double ambassade d'Allemagne.

---

[1] « Et pour lui atirer pour aler avec les pelerins. » (Ernoul, *l. c.*)

[2] And. Dandulus, *l. c.*; Joh. Iper. (dans D. Bouq., t. XVIII, p. 601.) Cf. *Geneal. com. Flandr.* (dans Tafel et Thomas, t. I, p. 332); Carretto, *Chron. di Monferrato* (dans les *Monum. Patriæ*, t. III, p. 1140.); Hopf, *op. cit.*, p. 191.

[3] Suivant Ernoul (p. 351), il avait déjà été en négociations avec les croisés pour tâcher de détourner le coup qui menaçait Zara. Deux ans après, en 1204, 15 sept. (*Inn. III Epist.*, VII, 127), le roi de Hongrie se plaint bien encore de n'avoir point reçu justice sur le fait de Zara ; mais cette réclamation tardive ne vient qu'avec plusieurs autres, et en dernier rang.

[4] Simon de Montfort ne partit pour la Hongrie qu'après Pâques (7 avril), mais avant l'arrivée d'Alexis à Zara (24 avril) (Villehard., n°s 108-109) ; il a dû se croiser en route avec ce dernier.

M. de Wailly, dans le commentaire que j'ai déjà cité plusieurs fois[1], développe une remarque très-judicieuse sur le gouvernement de l'armée des croisés : il montre que ce gouvernement se rapprochait sur plus d'un point de celui de Venise, et suivait la même marche que ce dernier, dans tous les cas où il s'agissait de prendre des déterminations militaires ou politiques de quelque importance. Au doge de Venise correspondait le *sire de l'ost*, *dux* ou *princeps christianorum*[2], exerçant une sorte d'arbitrage souverain, plutôt qu'une autorité continue et bien définie, et proposant aux barons de race princière, comme le doge à son conseil privé, les résolutions d'intérêt général, — résolutions tenues secrètes le temps nécessaire à l'étude qu'elles pouvaient exiger : puis, l'affaire une fois en marche, le cercle de la discussion, dans la république aristocratique comme dans l'armée féodale, s'élargissait, et un parlement des chevaliers bannerets, analogue aux réunions générales des patriciens de Venise, était admis, à son tour, à approuver ou à rejeter les plans dus à l'initiative, soit du *sire de l'ost*, soit du doge, et déjà adoptés par les conseils respectifs de l'un et de l'autre ; enfin, au dernier moment, l'affaire était soumise, à Venise, à la sanction de l'assemblée populaire, et dans le camp des croisés, à celle du *commun de l'ost*, comprenant les pauvres chevaliers, les clercs et les gens de pied.

Les propositions allemandes ont évidemment passé par ce triple rouage : nous avons déjà vu l'initiative partir de Boniface, le *sire de l'ost*, qui obtient à Venise, l'agrément des hauts barons[3] : tout à l'heure, à Zara, va délibérer le parlement des chevaliers, et, enfin, plus tard nous verrons, à Corfou, le *commun de l'ost* appelé à se prononcer en dernier ressort. Mais, dès Zara, l'affaire se dégage en partie de l'obscurité dans laquelle elle se négociait jusque-là : l'ambassade allemande se présente officiellement au nom de Philippe et de son beau-frère[4] ; le

[1] *Eclairciss. à Villeh.*, p. 463.
[2] Clari, p. 6; Villehard., n° 41; *Inn. III. Epist.*, VI, 99.
[3] L'expression « *Fœdere Jaderæ confirmato* », dont les chefs des croisés se servent dans une lettre adressée plus tard à Innocent III (*Epist. VI*, 211), montre bien qu'ils s'attribuaient, sans hésitation, le droit de conclure seuls de semblables traités, ne laissant aux barons que celui de les approuver ou de les rejeter une fois conclus.
[4] « Seignor! li rois Phelipes nos envoie à vos et li fils l'empereor de C. P., « qui freres sa fame est. » (Villeh., n° 91.)

moment est venu de rendre publiques, sinon les conditions des pourparlers engagés, du moins l'existence même de ces pourparlers : le *commun de l'ost* ignorera encore les détails, et peut-être l'objet même du traité à intervenir entre les croisés et le roi des Romains [1], mais il saura parfaitement que ce traité existe en projet, et que la conclusion en est proche. Villehardouin n'a donc plus ici lieu d'user de ses réticences habituelles, et pour les événements à demi publics qui vont suivre, il va devenir un guide plus sûr que pour la période secrète des négociations. Dans un récit imagé et sentimental, comme il sait si bien les faire [2], il nous montre les ambassadeurs conduits solennellement au palais occupé par le doge, et reçus en audience par l'assemblée des chevaliers et prélats de l'armée. Ils donnent lecture des pièces officielles dont ils sont porteurs, et les accompagnent d'un discours de circonstance ; on les écoute avec recueillement, et on remet au lendemain, après les avoir congédiés, la discussion des actes qu'ils viennent de déposer aux mains de l'assemblée.

Ces actes sont malheureusement, sinon perdus, du moins encore enfouis dans quelque dépôt d'archives mal exploré : mais nous savons qu'ils étaient au moins au nombre de deux [3] : d'abord une lettre du roi des Romains, puis le traité déjà revêtu des sceaux de ce dernier et d'Alexis, et n'attendant plus que ceux des croisés : dans la lettre dont Villehardouin et Günther nous ont laissé la substance [4], Philippe recommandait vivement aux croisés l'acceptation des clauses du pacte proposé, et ajoutait, en son nom personnel, aux avantages énumérés dans ces clauses, des promesses particulières, comme celle du passage libre pour les croisades à venir, non-seulement par l'Allemagne, mais encore *à travers l'empire*

---

[1] Cf. Clari (p. 12 et pp. 13-14), qui, en attribuant le départ de Simon de Montfort à l'affaire de Zara, montre bien son ignorance de l'objet des délibérations des barons.

[2] Villeb., nᵒˢ 91-97.

[3] Günther, nᵒ 8.

[4] « Seignor... je vos envoierai le frere ma fame; si le met en la Dieu main « (qui le gart de mort) et en la vostre... Por ce que vos alez por Dieu et por « droit et por justice, se vos poez. Et si vos fera la plus haute convenanche « qui onques fust faite à gent, et la plus riche aie à la Terre d'Oltremer conquerre. » (Villeh., nᵒ 92) — « Certissime promittens, si ille auxilio ipsorum « sedem suam reciperet, peregrinis omnibus, tam per Teutoniam quam *per totam* « *Græciam*, tutam ac liberam in perpetuum patere viam. » (Günther, nᵒ 8.)

grec, dont il se considérait déjà comme le maître. Quant au traité lui-même — dont les conditions nous sont fournies par une lettre des croisés à Innocent III, par Villehardouin, Clari et Baudouin d'Avesnes, avec assez peu de variantes pour que l'on puisse le reconstruire presque en entier, — il ne faisait que reproduire les propositions de Venise. En échange de l'obligation de réintégrer Alexis dans l'exercice de ses droits, ce dernier s'engageait :

1° Envers les croisés : au payement de 200,000 marcs d'argent[1], — à la fourniture d'une année de vivres[2], — à l'entretien en Terre sainte d'un secours militaire de dix mille hommes pendant un an et de cinq cents cavaliers pendant toute la durée de la vie du prétendant[3];

2° Envers les Vénitiens : au remboursement de toutes leurs avances[4], — à la prolongation pour un an, aux frais du trésor byzantin, du contrat de nolis de 1201[5], — enfin au versement de 100,000 marcs[6].

En tête du pacte figurait la condition formelle de rétablir l'union entre les deux Églises[7].

Je ne parlerai pas ici de certaines clauses secrètes qui accompagnaient le traité, et que vinrent révéler des faits postérieurs, parce que ces clauses me paraissent n'avoir été exigées d'Alexis que plus tard et de vive voix, bien que l'on puisse à

---

[1] Villeh., n° 93; *Chron.Halbert.*, p. 73; Ernoul, p. 361; Clari, p. 26; *Inn. III Epist.*, VI, 211; *Epist. Hug. S. Pauli*; Baud. d'Avesnes (d. Tafel et Thomas, t. I, pp. 305, 339.)

[2] Villeh. (sans terme fixe); *Chron. Halberst.*; Hugo. S. Pauli; Clari; *Inn. III*: Baud. d'Avesnes, *l. c.*; Ernoul, *l. c.* (2 ans); Coggeshale, p. 98; Rigordus, p. 55 (sans mention de durée).

[3] Villeh., Clari, B. d'Av., Hugo. S. Pauli, *Inn. III, l. c.* Les 500 chevaliers seulement pour 2 ans (Coggesh., *l. c.*); Rigordus, *l. c.* (sans détails): Ernoul, *l. c.*

[4] Ernoul, *l. c.* Cf. Sabellico, *l. c.* (voir plus haut, p. 54, n° 3.).

[5] *Chron. Halberst.*, Clari, *Inn. III*, Baud. d'Avesnes, *l. c.*, Ernoul, *l. c.* (2 ans). Le contrat de nolis portait location de la flotte du 29 juin 1202 au 29 juin 1203. Le traité de Zara prolongeait cette location jusqu'au 29 juin 1204, délai qui fut réduit de six mois par la convention de Corfou.

[6] Ernoul, Coggesh., *l. c.*; Dandolo (p. 321) dit seulement 30,000 marcs, mais ne tient pas compte du remboursement des frais; Rigord, 33,000 marcs et le remboursement; Hugues de Saint-Paul, 200,000 marcs tout compris.

[7] Villeh., Baud. d'Avesn., *Inn. III, l. c.*, Rigordus, *l. c.*, Nicetas, p. 715. Du reste ce dernier, ainsi que Günther (n° 8) et l'Anon. Suess. (p. 267), ne fournissent que peu de détails.

la rigueur les considérer comme se trouvant, dès le temps de
Zara, comprises dans les pleins pouvoirs dont avaient été
revêtus les envoyés du roi des Romains [1]. J'ajouterai seulement
que ceux-ci avaient apporté, en même temps que les pièces
officielles, et remis à leurs destinataires respectifs, deux lettres
particulières, adressées par Philippe, d'abord à Boniface, auquel
il rappelait leurs conventions mutuelles, et donnait, le cas
échéant, la garde du jeune prince [2], puis aux croisés allemands,
qu'il mettait, sans ménagements, en demeure d'obtempérer,
en ce qui concernait le traité, à sa volonté royale [3].

Le lendemain, au palais du doge, se tint l'assemblée où
allaient se discuter les propositions allemandes : elle comprenait les évêques et les abbés qui avaient suivi l'armée [4], les
princes français et flamands et leurs grands vassaux, les
seigneurs allemands, Boniface et les barons lombards, enfin
probablement le doge et son conseil : car si, à Venise, ceux-ci
avaient dû délibérer séparément dans des affaires où ils
formaient partie contractante, ils n'avaient ici, croisés eux-
mêmes, aucune raison de se tenir en dehors de l'armée latine,
à laquelle ils appartenaient au même titre que tous ceux que
nous venons d'énumérer. Quelles pouvaient être, avant toute
discussion, les tendances de ces éléments si divers à l'endroit
de l'affaire qui se trouvait leur être soumise ?

Les évêques étaient au nombre de cinq : Garnier de Trainel,
évêque de Troyes, déjà si affaibli par l'âge qu'Innocent l'avait,
trois ans auparavant, relevé de son vœu de Terre sainte [5];
Nivelon de Quierzy, évêque de Soissons, qui avait été, en 1198,
le négociateur du traité d'alliance conclu entre Philippe-
Auguste et Philippe de Souabe [6]; l'évêque d'Acre, Jean Faicete,

---

[1] Villeh., n° 94.
[2] Id., n° 112.
[3] « Teutonicis autem, pro eo quod sui juris esse videbantur, hanc rem
« securiosius et imperiosius injungebat » (Günther, n° 8.)
[4] La présence des prélats de l'armée au parlement, bien que passée sous
silence par Villehardouin, résulte de ce que quatre d'entre eux figurent parmi
les signataires du traité. (Martène, Thes. Anecd., t. I, p. 784.)
[5] Inn. III Epist., I, 69.
[6] Martène, Ampl. Coll., t. I, p. 1017. Cf. Hurter, t. I, p. 191. Je considère
comme très-probable la présence au parlement de Zara, tant de Nivelon de
Quierzy que des autres ambassadeurs (Jean Faicete, Martin de Pairis, Jean
de Friaise et Robert de Boves) envoyés par les croisés à Innocent III, pour en
obtenir l'absolution sur le fait de Zara — bien que l'on puisse conclure de ce

dévoué au comte de Flandre dont il était le chancelier[1] ;
l'évêque de Halberstadt, Conrad de Krosigk, partisan déterminé
du roi des Romains, mais qui, à peine remis des persécutions
incessantes d'Othon de Brunswick, son voisin[2], n'avait pris la
croix que pour se soustraire à la sentence d'excommunication
lancée contre lui, par le pape, pour lequel il professait une
antipathie mal dissimulée[3]. Conrad, qui, jusque-là, par crainte
du Saint-Siége, n'avait voulu prendre conseil que de Pierre
Capuano[4], et partant ne se mêler ni des négociations de Venise,
ni de l'attaque contre Zara, avait pu apprendre, à l'instant, par
les envoyés de Philippe, qu'Othon, profitant de son absence,
était venu ravager le diocèse de Halberstadt, et que le légat du
pape en Allemagne avait voulu forcer les chanoines de cette
ville à élire un autre évêque[5] ; il devait, par conséquent, se
trouver assez mal récompensé de sa soumission précédente,
et regretter de s'être momentanément écarté du parti souabe.
Seul, Pierre, élu de Bethléem, que le pape paraît avoir revêtu
plus tard des fonctions de prolégat[6], pouvait être regardé
d'avance comme un ennemi des projets allemands.

Quatre abbés cisterciens[7] faisaient partie de l'assemblée :

que Günther raconte ce parlement, comme si Martin de Pairis n'en avait appris
qu'à Rome les diverses circonstances, que Martin, et, par conséquent, les quatre
autres ambassadeurs n'y figurèrent point. Mais Günther est certainement ici
coupable d'une réticence flagrante : en effet, Innocent III n'a pu apprendre la
ruine de Zara qu'au moins quinze jours après cet événement, soit vers le
10 décembre 1202 ; la lettre d'excommunication qu'il adressa aux croisés
(V, 161), mise arbitrairement par Potthast (n° 1848), en février 1203, n'a pu
leur parvenir avant les premiers jours de janvier, époque où se tint le parlement ; et il est bien peu probable que les personnages, envoyés en ambassade,
soient précisément partis avant ou pendant des délibérations aussi impor-
tantes ; d'ailleurs Villehardouin place le départ de Nivelon après la discussion
et la conclusion du pacte.

[1] Baud. d'Avesn., p. 340. Cf. Rad. Coggh., l. c. ; Le Quien, Oriens Chris-
tianus, t. III, p. 1331.

[2] Chron. Halberst., p. 79.

[3] Voir Opel, Min guóter Klosnaere (d. la Zeitsch f. d. Gymnasialw., XIII.
1859, pp. 868 et s.)

[4] Chron. Halberst., p. 72.

[5] Ibid., p. 71. Sur Conrad de Krosigk, v. Hurter, t. I, p. 553, et Winkelmann,
p. 248.

[6] Alberici Chron., ad ann. 1204.

[7] Ernoul (p. 351) y ajoute l'abbé de Ceroanceau qui avait réellement pris la
croix (Coggh., p. 91), mais dont ne parlent pas les autres chroniqueurs : il le
range dans le parti de Simon de Montfort.

l'un [1], dont on n'avait pas oublié le courage tout récent à lire les lettres pontificales contenant l'excommunication sur le fait de Zara, Gui de Vaux-de-Cernay, tout prêt à se faire encore une fois l'organe des volontés d'Innocent III ; l'abbé Martin, de Pairis au val d'Orbey en Alsace, comme Conrad, partisan déclaré de Philippe [2], mais ayant imité à Venise l'attitude de l'évêque de Halberstadt [3], et peu disposé à encourir, en quoi que ce fût, les censures ecclésiastiques ; l'abbé de Los [4], tout dévoué au comte de Flandre, son seigneur [5], et qui allait, un mois plus tard, accepter la charge dangereuse de garder les lettres d'excommunication lancées contre Venise, et suspendues momentanément par Boniface [6] ; enfin l'ami du marquis, Pierre de Locedio, dont nous avons plus haut signalé, à la fois, l'attachement à Innocent III, mais la faiblesse plus grande encore à l'endroit de Boniface, son bienfaiteur.

Les barons français, bien que reconnaissant pour empereur légitime [7] Philippe de Souabe, l'allié de leur roi, se groupaient déjà en deux partis extrêmes, séparés par la masse flottante des chevaliers sans suzerain, et partant, sans opinion imposée d'avance : d'un côté se tenaient les trois grands comtes, Baudouin de Flandre, Louis de Blois et Hugues de Saint-Paul, déjà convertis aux projets allemands que leurs sympathies antérieures, l'influence de Philippe-Auguste, ou l'habileté de Boniface, leur avaient fait adopter dès Venise : autour d'eux se rangeaient leurs fidèles, comme les plénipotentiaires du contrat de nolis [8], et les officiers de leurs cours. Simon, comte de Leicester et de Montfort, était, au contraire, le centre du parti opposé, et jouissait d'une autorité si grande qu'il a pu passer, aux yeux des Dalmates [9], pour le chef même de la

[1] Oncle de l'historien de la croisade des Albigeois (V. *Hist. Litt. de la Fr.*, t. XVII, pp. 236-246) ; Innocent III l'avait chargé, en 1201, de l'organisation financière de la croisade. (*Inn. III Epist.*, d. les *Gesta*, nº 84.)
[2] Günther, nº 26.
[3] Id., nº 6.
[4] Coggh., p. 92 ; *Gallia Christ.*, t. III, p. 303.
[5] Cf. *Epist. Inn. III* (éd. Migne), IV, nº 145, 154, 162.
[6] *Inn. III Epist.*, VI, 99, 100.
[7] Clari, p. 3.
[8] Villehardouin et Miles le Brébant pour Thibaut de Champagne, Jean de Friaise pour Louis de Blois, Conon de Béthune et Alard Macquerel pour Baudouin : le deuxième plénipotentiaire de Louis de Blois, Gauthier de Gaudonville, ne reparaît plus après 1201.
[9] Thomas Spalat., *Hist. Salonitana* (d. Lucius, *De regno Dalmatiæ*, p. 333.)

croisade; ami de l'abbé de Vaux-de-Cernay[1], il l'avait sauvé
de la fureur des Vénitiens, et — tel qu'il le fut plus tard dans la
guerre des Albigeois — se montrait déjà un défenseur intraitable
de la politique pontificale, tandis que le souvenir encore tout
récent des procédés dont, en 1198, les croisés allemands avaient
usé à son égard en Terre sainte[2], devait en faire un ennemi
naturel des projets de Philippe : les chevaliers champenois, à
la tête desquels était Renaud de Montmirail, l'exécuteur du
vœu de Thibaut, et qui avaient vu de mauvais œil Boniface
hériter, non-seulement de la charge, mais des trésors du
comte de Champagne[3], ne cessaient, comme Montfort, de
se montrer les plus ardents adversaires, et des Vénitiens
excommuniés[4] et du marquis, leur complice. Ce dernier avait
avec lui ses Lombards[5], dont les querelles avec les Français
allaient plus tard hâter la ruine de l'empire latin d'Orient, et
qui ne devaient point, en cette circonstance, avoir d'autre
opinion que celle de leur suzerain et de leur compatriote. Le

[1] Les seigneurs de Montfort avaient, depuis longtemps, enrichi et protégé
ce monastère.
[2] C'est Michaud (*Hist. des Crois.*, l. IX, éd. de 1826, t. III, pp. 67-69), —
répété par La Farina (t. I, p. 515), — qui, sans indiquer aucune source, fait assister
Simon de Montfort à la fin de la croisade allemande de 1197. Aucun chroniqueur
ne relatant ce fait, on serait porté à croire que, malgré les détails dans lesquels
entre le respectable historien, il a tout simplement mal compris un texte de
Jacques de Vitry (*Hist. Orient.*, I, cap. c) relatif à la présence de Simon en Terre
sainte en 1203. Mais comme rien ne s'oppose à ce que ce dernier ait passé en
Orient les années 1198 et 1199 qui n'offrent aucun acte de lui (V. Molinier,
Cat. des Actes des Montfort, p. 447), comme, de plus, Lorenzo Bonincontro (d.
Lami, *Deliciæ erud.*, t. V, p. 275), qui a eu évidemment connaissance de documents aujourd'hui perdus, place, à cette époque, un voyage de Simon en Orient,
je pense qu'il faut respecter, jusqu'à preuve du contraire, l'assertion de Michaud.
Cette assertion expliquerait d'ailleurs un passage des lettres d'Etienne de
Tournay, relatif à un premier pèlerinage en Terre sainte de Guy de Vaux-de-
Cernay, passage qui a fort embarrassé M. Am. Duval. (*Hist. Litt. de la France*,
t. XVII, p. 238.)
[3] V. M. de Wailly, *Eclairciss. à Villehard.*, p. 459. Pour Eudes et Guillaume de Champlitte qui étaient au nombre de ces Champenois, voir *Inn. III
Epist.*, VI, 99.
[4] L'émeute du 27 novembre entre les Vénitiens et les croisés montre jusqu'où pouvait aller cette animosité. (Villeh., nos 88, 90; Clari, p. 14; *Dev.
Č. P.*, p. 88.)
[5] Jacques de Guise, t. XIX, c. xi, p. 278, Benvenuto di S. Giorgio (d.
Murat, *l. c.*), et Borcanino *Uronica d'Asti* (d. Pasinus, *Codices Ath. Taurin.*,
p. 332), donnent les noms, plus ou moins authentiques, d'un grand nombre
d'entre eux ; les plus importants étaient le comte de Biandrate, le marquis
d'Incisa, Ravano dalle Carceri, et Guillaume de Montferrat, fils de Boniface.

rôle des croisés allemands paraissait ne pas devoir non plus
être sans influence sur les discussions de l'assemblée, puisque
Philippe avait pris la peine de réclamer leur concours. On
connaît les noms d'un grand nombre de seigneurs de cette
nation, ayant pris la croix en 1201 : ainsi que nous l'avons vu,
plusieurs avaient, il est vrai, rebroussé chemin à Vérone [1] :
d'autres en petit nombre (probablement des partisans d'Othon)
étaient allés directement en Terre sainte [2] ; et ceux qui se
trouvaient à Zara, partis pour la plupart dans le dessein
d'échapper à l'excommunication qui atteignait tous les fau-
teurs de Philippe, ne devaient pas, quel que fût leur attachement pour celui-ci, se soucier de s'attirer de nouveau, par
quelque acte intempestif, les censures qu'ils avaient laissées
derrière eux en Allemagne. Mais il ne faut pas oublier que
les seigneurs de Belgique, de Franche-Comté [3] et des pays
relevant anciennement de l'Empire, n'avaient pas pris la croix
avec la même pensée que les Allemands, n'avaient point à
nourrir les mêmes craintes, et pouvaient, par conséquent,
laisser agir avec plus d'indépendance la sympathie égale
qu'ils professaient à l'endroit du roi des Romains.

[1] Günther, n° 6.
[2] Id., n° 9-10. Les noms des croisés allemands se trouvent dans Villeh.,
n° 74. Günther en ajoute quelques-uns ; récemment on en a signalé plusieurs
autres (Cf. Hormayr, *Die Bayern in Morgenl.*, p. 44 ; Beyer, *Mitteirhein.
Urkundenbuch*, t. II, pp. ccxv, 768) ; mais on ignore si ces derniers ont été à
Constantinople, ou directement en Terre sainte, ou même s'ils ne se sont pas
arrêtés à moitié chemin ; c'est le cas de Luthold, évêque de Bâle (Cf. Abel,
p. 372 ; Winkelmann, pp. 188-208), et des comtes de Neubourg (Grandidier,
Œuvres, t. III, p. 95) et de Spaanheim (Trithemius, *Chron. Hirsaug.*, ad
ann. 1201). Au parlement de Zara durent certainement figurer : le comte
de Catzenelnbogen, partisan déclaré de Philippe de Souabe (Cf. Hopf. *Op.
cit.*, p. 189), Dietrich de Dietz, Henri d'Ulmen, Ulrich de Thonne (de Daun,
suivant Hopf, *op. cit.*; cf. Beyer, II, p. LXXIV; ou plutôt de Thonne-sur-
Thil (Meuse); v. Jeantin, *Manuel de la Meuse*, p. 1199), et enfin le grand
échanson de l'Empire, Werner III, comte de Bolanden, qui avait plusieurs fois
passé du parti d'Othon à celui de Philippe (*Inn. III Epist., Reg. Imp.* n° 37;
cf. Winkelmann, pp. 191, 208, 266); en 1201, Werner était du côté de celui-ci,
mais avait plus tard pris la croix, à la suite d'un miracle qui l'avait détourné
du service du prince excommunié (Albericus, p. 422, Cæs. Heist. *Dialogi*, X.
19). Il s'enfuit de Zara pour échapper à une nouvelle censure (Villeh., n° 101).
Voir sur ce personnage, Winkelmann, pp. 265, 523 ; Wilken, t. VI, p. 317.
[3] Comme Thierry de Loos, Eustache de Flandre, frère de Baudouin et en
même temps neveu de Philippe de Souabe, Othon de la Roche. On ignore si
l'autre frère de Baudouin, Henri, parti avec Jean de Nesle, avait déjà rejoint
les croisés : mais un troisième, nommé aussi Baudouin (?) et qui mourut à
Corfou (*Dev. C. P.*, p. 88) se trouvait au parlement de Zara.

Plus libre encore à Zara qu'à Venise, le doge, qui était en
parfaite communauté d'idées et en relations intimes avec
Boniface [1], pouvait, sans crainte, user de l'autorité spéciale
que nous l'avons vu plus haut mettre au service des intérêts
allemands, et prendre facilement sur lui, en ce qui le concernait, la responsabilité de transformer en une obligation écrite
l'approbation verbale que le conseil de Venise avait donnée
aux projets de Philippe. Si d'ailleurs des scrupules étaient
encore venus à s'élever dans l'esprit des Vénitiens contre l'utilité de la restauration d'Alexis, ces scrupules devaient, en ce
moment, être étouffés, et par le ressentiment que n'avaient
point manqué de leur causer les rigueurs d'Innocent III à leur
égard, et par la nouvelle des excès auxquels la population de
Constantinople venait de se porter à l'endroit de leurs rési-
dents [2]. En outre, une fois résolus à entrer dans la voie où les
poussait le roi des Romains, et où ils trouvaient des avantages
pécuniaires aussi considérables, ils pouvaient peser d'un
certain poids sur les délibérations de l'assemblée, en lui
rappelant de nouveau les clauses du contrat de nolis, encore
imparfaitement remplies par les Latins, et en réclamant le
concours général promis par ceux-ci, pour toutes les conquêtes qu'il plairait aux Vénitiens d'entreprendre [3] en leur
compagnie.

Il n'est pas impossible de reproduire, avec le secours des
chroniqueurs, la physionomie que durent avoir les débats de
cette assemblée : les rôles principaux sont tenus par Boniface,
le *maître des croisés*, comme l'appelle Clari, et le doge : c'est
le doge qui débute, avec bonhomie, par exposer, au point de
vue pratique, la situation de l'armée; elle n'a plus que six
mois à courir du loyer [4] qu'elle n'a même pas encore fini de

20.
Discussion du
pacte.

---

[1] « Duce et quibusdam Venetis, *familiaribus meis.* » (*Epist. Bonifacii*, dans
Inn. III Epist., VI, 100.)
[2] Sicard. Crem., p. 617; Nicetas, p. 735.
[3] *Contrat de nolis* (d. Tafel et Thomas, t. I. p. 367); cf., pp. 223-230, et
Thomas Spalat., *l. c.* Ce principe avait déjà été appliqué pour Zara. (Clari, p. 11);
cf. Baud. d'Avesn., p. 339. Günther (n° 11) ajoute : « Sed et Veneti, quorum
« navigio utebantur, ad hoc præcipue impellebant, partim in spe promissæ
« pecuniæ, cujus *illa gens maxime cupida est*, partim vero pro eo quod eadem
« civitas, multitudine navium freta, in toto illo mari principale sibi dominium
« arrogabat. »
[4] « Jà est le moitié de l'anée passée pour le navie. » (Clari, p. 27.)

payer[1] ; où, et avec quels fonds trouvera-t-elle à se procurer des vivres ? Il n'y a que l'empire grec qui soit assez riche pour fournir, à bref délai, ce ravitaillement[2] : s'ils vont droit en Egypte, ils seront plutôt une charge qu'un secours pour les chrétiens de Syrie[3], n'ayant même pas de quoi payer la solde des sergents, ni fabriquer des machines de guerre[4], et se trouvant d'ailleurs au bout des ressources nécessaires à leur entretien individuel[5]. Sans quitter ce terrain, et toujours à propos du ravitaillement, le marquis fait ressortir les avantages que présentent à cet égard les propositions allemandes[6]. Puis le doge, répondant probablement à l'objection toute naturelle « qu'il y avait à Byzance un empereur de droit et de « fait, en bons termes avec le Saint-Siége, et qu'il n'était pas « séant d'attaquer sans motif un prince chrétien, » élève le niveau de la discussion, en s'efforçant de prouver, avec l'autorité que lui donne la connaissance qu'il a de l'Orient, qu'Alexis est l'héritier légitime de l'empire, le *droit oir*[7], raison qui doit peser d'un grand poids sur des auditeurs aussi pénétrés des coutumes féodales. Ici dut se placer l'examen des titres d'Alexis au trône de Byzance et de la question de la naissance du jeune prince : l'accueil que lui faisait, au moment même, le roi de Hongrie, dut être donné comme une preuve qu'il était bien le fils de Marguerite, que le sang de France coulait dans ses

---

[1] Voir plus haut, p. 54, n° 3.

[2] « En Grece a moult rike tere, et moult plentive de tous biens : se nous poie- « mes avoir raisnavle acoison d'aler y, et de prendre viandes en le tere et autres « coses, tant que nous fussiemes bien restoré, che me sanleroit boins consaus. » (Clari, pp. 14, 15.)

[3] « Victualibus omnibus et rebus egentes, Terræ sanctæ videremur gravamen « allaturi. » (*Epist. Crucesign.* d. *Inn. III Epist.*, VI, 211). — « Quia inter ipsos « plurimi, laborantes inopia, T. S. gravamen essent potius allaturi, quam allaturi « subsidium. » (Rob. Altiss. d. D. Bouq., t. XVIII, p. 266.)

[4] « Via Jherosolimitana erat omnibus inutilis et damnosa, cum ipsi essent « inopes et victualibus immuniti, nec esset aliquis inter eos, qui milites ad « stipendia et sarjantos ad solidum detineret, vel qui petrarias faceret protrahi « nec alia instrumenta produci. » (*Epist. Hugonis S. Pauli*, d. Tafel et Thomas, t. I, p. 305.)

[5] « Car il avoient jà près de tout despendu. » (Clari, p. 14.)

[6] Clari, p. 15. — Clari place ces discours, qu'il n'a recueillis que par oui-dire, avant l'arrivée des ambassadeurs allemands : mais il n'en rend pas moins bien l'attitude du doge et du marquis.

[7] « Il (Alexis III) tient sa terre à tort et à péchié, contre Dieu et contre « raison ; ainz est son neveu. » (Villeh., n° 144.) — « Véez ci le droitoir. » (*Id.* n° 146.) — « Chi vasles en est drois oirs. » (Clari, p. 15) ; cf. np. 27, 33 ; *Epist. Hug.*, p. 304 ; Günther, n° 11.

veines [1], et qu'en le soutenant, l'on travaillerait à la restauration
d'un arrière-petit-fils de Louis le Jeune [2], soutenu à Constantinople par un parti puissant [3]. On ne s'apercevait point de la contradiction étrange que présentait Philippe de Souabe, ce souverain élu, parlant des droits héréditaires de son propre beau-
frère à un trône presque aussi électif que celui des empereurs
d'Allemagne. Les évêques eux-mêmes, qui auraient dû, en cette
circonstance, s'inspirer des doctrines d'Innocent III, déférant,
au contraire, aux désirs de Boniface et du doge, — qui leur
avaient déjà fait donner, un mois auparavant, aux censures
encourues pour le fait de Zara, une absolution sans valeur [4], —
non-seulement s'emparent de l'argument tiré de la naissance
d'Alexis, et le font si bien entrer dans l'esprit des barons qu'on
le retrouvera ensuite, mis en avant à chaque incident de
l'expédition [5], mais encore embrassent avec enthousiasme
l'idée de la réunion des deux églises [6] qui avait déjà séduit et
dévoyé Pierre Capuano : comment, en effet, le pape ne se
contenterait-il pas d'un résultat au moins aussi considérable
pour la chrétienté que celui de la délivrance des Lieux saints ?
d'ailleurs si Innocent III a mis naguère, à la confirmation du
contrat de nolis, la condition expresse que l'on n'attaquerait

[1] « Il est estrait dou lingnage de France. » (Martino di Canale, ch. xl, p. 324.)
[2] Si Alexis était réellement le fils de l'impératrice Marguerite, il se trouvait
aussi le petit-fils de Marguerite de France, femme de Béla III, roi de Hongrie,
et fille de Louis le Jeune. Suivant Dandolo (p. 321), la présence à C. P. de
l'impératrice Agnès, sœur de Philippe-Auguste, aurait influé aussi sur l'opinion des barons français. « Erant autem sibi favorabiles Franci quia Emanuel
« imperator filio suo Alexio Agnetem, filiam Ludovici regis Franciæ, acceperat
« uxorem. » (Cf. Clari, p. 44.) Enfin, suivant Sozomène de Pistoie, l'intervention de Philippe-Auguste aurait été encore plus directe. « Oratoribus regis
« Philippi,..... asserentibus, *ipsius regis Franciæ nomine*, ut omnino ipsi Alexio,
« præsidium facerent. » (Sozom. Pistor. d. Tartinius, *SS. RR. Ital.*, t. I, p. 82.)
[3] « Verisimilibus argumentis inducti quod dicti Alexii suspiraret adventum
« regiæ pars potior civitatis. » (*Inn. III Epist.*, VI, 211.)
[4] « Ideoque absolutio nulla fuerit quam vobis exhibuerunt episcopi, vobiscum
in exercitu constituti. » (*Inn. III Epist.*, V, 162.)
[5] Clari, pp. 27, 33, 57 ; Villeh., n° 146.
[6] « Se vos avez droite intention de conquerre la terre et mettre à l'obe-
« dience de Rome, vos avez le pardon, tel cum l'Apostoiles le vos a octroïé. »
(Villeh., n° 225.) — « Inducti (Alexius) præcipue consiliis ven. PP. N. Suessio-
« nensis, C. Halberstadensis et G. Trecensis, episcoporum, abbatis de Locedio
« et mag. Joannis Noviomensis. » (*Epist. Alexii*, IV, d. *Inn. III Epist.*, VI, 210) ;
cf. VI, 202, 230 , VII, 13, 102, et surtout VIII, 133, où Boniface rejette sur les
évêques partisans de l'union (communicato cleri nostri consilio), la responsabilité de la marche suivie.

pas les terres des chrétiens [1] ; si même, il vient de montrer, à
propos de Zara, quelle importance il attache à cette prohibition,
ne l'a-t-il pas mitigée, dans les deux cas, nettement formulés,
d'une difficulté insurmontable à se ravitailler, ou *d'une agression injuste* [2] *de la part de ces chrétiens*. Restaurer Alexis ne
sera en réalité que se procurer des vivres, et amener la soumission d'hérétiques rebelles [3], pleins d'indifférence pour la cause
de la Terre sainte [4] ; et l'événement montrera au pape que,
comme moyen indirect de recouvrer les Lieux saints, Constantinople vaut bien Alexandrie [5].

Il y avait encore d'autres raisons qui ne trouvèrent peut-
être point place dans la discussion, mais qui étaient certainement au fond de la pensée de plusieurs des assistants : pour
les uns d'abord, pour les croisés du Rhin et de la Moselle, le
désir d'être agréable à Philippe de Souabe [6] : pour d'autres, le
souvenir de la politique tracassière de la cour de Byzance, à
l'égard des principautés latines qui avaient fait partie autrefois
des thèmes d'Asie, et aussi (comme nous l'avons exposé plus
haut, avec détails, au sujet des Allemands), le ressentiment de
tous les procédés cruels dont avait usé Constantinople à
l'endroit des croisés de 1096 et de 1147, enfin l'attraction puis-
sante qu'exerçaient sur les Latins le renom glorieux, les richesses immenses et les trésors religieux de la ville impériale [7].

Mais, malgré tous ces arguments, l'assemblée paraît s'être
séparée sans avoir rien conclu : une majorité considérable,
que retenait seulement la présence des chefs de l'armée [8], ne
voulait entendre parler que d'un voyage direct vers l'Égypte.
La crainte des colères du pape, la répugnance à verser le sang
chrétien [9], le désir de s'acquitter, sans délai, d'un vœu fait

[1] Voir plus haut, p. 22, n° 3.
[2] *Inn. III Epist.*, V, 162, VI, 102, et surtout VIII, 133, où cette double
excuse est longuement développée par Boniface.
[3] Günther, n° 11.
[4] « Noluerant succurrere Terræ sanctæ. » (*Gesta*, n° 93.)
[5] « C'est la chose par quoi on peut le mieux recouvrer la Terre d'Outremer. »
(Villeh., n° 97); cf. *Epist. Balduini* (d. Taf. et Thom. I, p. 508); *Chron. de Morée*,
p. 12.
[6] « Ob gratiam Philippi regis qui nostris pro ipso attentius supplicabat. »
(Günther, n° 11.)
[7] Günther, *ibid.*
[8] Villehard., n° 114.
[9] Günther, n° 8.

depuis si longtemps, et aussi, pour un grand nombre, igno-
rants des choses de la mer, la perspective peu rassurante
d'attaquer, sur cet élément, un empire dont on s'exagérait les
forces navales[1], empêchaient la plupart des chevaliers de
second rang d'obéir aux motifs politiques qui avaient déterminé les résolutions des princes, et dont ils ne saisissaient
qu'imparfaitement la portée. Une sorte de tumulte succéda à
la réunion officielle : les clercs eux-mêmes étaient divisés
entre eux, et Villehardouin nous fait assister aux exhortations
opposées des deux abbés cisterciens de Los et de Vaux-de-
Cernay[2] : celui-ci, soutenu par Simon de Montfort et Enguer-
rand de Boves, gardait même l'avantage, et il ne fallut rien
moins, pour emporter l'affaire de haute lutte, qu'une sorte de
coup d'État.

Boniface, voyant qu'au moment de toucher au but, le plan
du roi des Romains allait échouer, obtint de Baudouin de
Flandre, de Louis de Blois et d'Hugues de Saint-Paul, qu'ils
se rendissent, avec ceux de leur parti, au palais du doge[3], où
les envoyés allemands avaient été convoqués d'urgence. Dandolo, de son côté, avait triomphé des dernières résistances de
son entourage[4] ; la convention fut donc conclue et les chartes
scellées et baillées[5] ; mais du côté des croisés, on ne trouva
qu'à grand'peine seize personnages[6] qui consentissent à se
compromettre ouvertement en joignant leurs sceaux à ceux
des chefs.

Les messagers royaux repartirent sans retard, et, avec eux,

21.
Adoption du
pacte.

---

[1] Günther, n° 8.
[2] Villehard., n° 97.
[3] Id., n° 98.
[4] Chron. de Morée, p. 12.
[5] Villeh., n° 98,99.
[6] Ces noms sont donnés par la lettre du comte de Saint-Paul, mais seulement dans l'exemplaire publié par Martène (Thes. Anecd., t. I, col. 784), et
manquent dans le texte de Tafel et Thomas (t. I, p. 330) ; ce furent les cinq
négociateurs survivants du traité de 1201, Villehardouin, Friaise, Macquerel,
Conon de Béthune et Miles le Brébant ; les évêques de Troyes, de Halberstadt,
de Soissons et d'Acre ; Pierre de Bracieux, Matthieu de Montmorency, Macaire de
Saint-Menehould, Manassès de Lille, Anseau de Caïeu, Renier de Tritt et Jean
Foisnon. Villeh. (n° 99) ne parle que de huit, soit parce qu'il ne compte ni les
évêques ni les plénipotentiaires de 1201, soit qu'en réalité, entre Zara où le pacte
fut signé, et Corfou où il fut juré par Alexis, et où, par une singulière réticence,
Hugues de Saint-Paul en parle pour la première fois, huit nouveaux noms
fussent venus se joindre aux premiers.

deux chevaliers latins chargés d'aller chercher et de ramener le jeune Alexis [1] , auquel le 20 avril était fixé, comme dernier délai, pour arriver à Zara [2]. Malheureusement pour Boniface, le sujet des discussions violentes des barons avait transpiré dans le commun de l'armée : il n'en fallut pas davantage pour ébranler des esprits, déjà frappés par l'excommunication encourue pour la prise de Zara, et tout récemment renouvelée par le pape [3] : les désertions se succédèrent rapidement. Celles du grand échanson de l'Empire, Werner III, comte de Bolanden [4], puis du comte de Montfort avec tous ses adhérents, eurent un grand éclat [5]. Boniface dut en craindre l'effet sur Innocent III, dont le concours moral, ou tout au moins la neutralité, était souhaitée si vivement par lui, et en réalité si nécessaire au succès de l'expédition : on décida donc d'envoyer au pape une ambassade composée de Nivelon de Quierzy, de Jean Faicete, de Jean de Friaise, de Robert de Boves et de l'abbé de Pairis [6], avec la mission, au moins apparente, d'implorer du pontife l'absolution des croisés sur le fait de Zara.

Puis, comme l'hiver empêchait de partir immédiatement et qu'il fallait encore gagner plusieurs semaines avant de pouvoir mettre à la voile, on se débarrassa de Renaud de Montmirail, le chef des Champenois, et de plusieurs de ceux-ci, qui partirent, comme envoyés des croisés auprès des chrétiens de Syrie [7], et l'on prouva, du même coup, aux partisans irréconciliables d'une attaque immédiate contre l'Égypte que le but final de la croisade était toujours présent à l'esprit du chef chargé de la diriger.

---

[1] Clari, p. 25; *Chron. Halb.*, p. 73; Guill. de Nang. ad. ann. 1204.
[2] Villehard., n° 99.
[3] Dans l'*Epist. V*, 161.
[4] Villeh., n° 101.
[5] Villeh., n°° 109, 110. Il alla en Hongrie, et de là en Terre sainte, où il arriva peu après Renaud de Montmirail (Albericus, *l. c.*). La *Devast. C. P.* (p. 88) attribue formellement cette défection aux démêlés amenés par la discussion des propositions allemandes.
[6] Villeh., n°° 104-105; Günther, n° 7; cf. Alberici *Chron.*, p. 418.
[7] Avec Gervais de Châteauneuf, Guillaume de Ferrières, etc. (Villeh., n° 102.) « In palmis (30 mart.) Rainaldus de Montmirail *in legatione* in Syriam *missus est.* » (*Dev. C. P.*, p. 88.)

V

INNOCENT III ET LES CROISÉS.

Avec la signature du traité de Zara, Philippe de Souabe voyait se réaliser une partie de ses projets : si les choses ne tournaient point encore à son gré en Allemagne, au moins c'était au profit de la politique souabe en Orient, que la croisade allait être détournée.

22.

Ambassade des croisés à Rome.

A quel moment le pape eut-il connaissance de cet événement, désastreux pour les véritables intérêts de l'Église? A en croire Günther, qui écrit sous la dictée de l'abbé de Pairis, témoin oculaire, la nouvelle de la conclusion du pacte ne serait parvenue à Rome, où se trouvait Martin, qu'en mars 1203, et serait tombée, comme un coup de foudre, sur la cour pontificale[1]. Innocent III, frappé de terreur, *expavefactus*, n'aurait su à quel parti s'arrêter; je pense que Günther a sciemment fait ici une interposition chronologique, et que l'émotion du Souverain Pontife fut causée, non par l'annonce de la signature, mais par celle de la mise à exécution du premier point du traité, c'est-à-dire de la prochaine arrivée du jeune Alexis au camp des croisés.

En effet, que s'était-il passé à Rome, après le départ de Boniface, au mois de novembre précédent? Le pape avait dû se rendre compte de la respectueuse mais invincible ténacité du marquis à lui imposer les propositions allemandes, et cette conviction, comme le pense avec raison M. Winkelmann[2], n'avait pas été étrangère à la trêve qu'Innocent III proposa alors aux princes de l'Empire[3]. Il espérait ainsi donner à la ligue préparée, en ce moment, par Othon, le temps de se fortifier, et à Philippe assez d'embarras immédiats pour le détourner de s'immiscer dans les affaires de la croisade.

[1] « Dum adhuc nuntii nostri in curia versarentur certus rumor insonuit... » — « Dominus papa cum omni clero suo nuntiisque nostris vehementer expavit. » (Günther, n° 8.)
[2] Winkelmann, p. 287.
[3] *Inn. III. Epist., Regestum imp.*, n° 79.

L'événement ne répondit point à l'attente du pape, et Philippe, repoussant la trêve, passa outre. C'est alors que, dans les premières semaines de l'année 1203 [1], arrive à Rome l'ambassade dont nous venons de signaler le départ de Zara. Parlant au nom des croisés seuls (car les Vénitiens n'avaient point voulu joindre, en cette circonstance, leur cause à celle de l'armée), Nivelon de Quierzy et ses compagnons avaient pour mission officielle de demander humblement l'absolution sur le fait de la prise de Zara — fait dont ils devaient atténuer la gravité [2], en s'appuyant sur l'autorisation verbale donnée par le pape à Boniface, de tout faire pour empêcher les Vénitiens de disloquer l'expédition [3].

Ils furent si mal reçus par Innocent III qu'un an plus tard celui-ci pouvait leur écrire : « *Quam difficiles in receptione* « *fuerimus... te (Nivelonem) credimus meminisse* [4]. » Un accueil aussi sévère fait à des personnages si considérables, venant avec l'attitude repentante [5] que nous peint Villehardouin, solliciter un pardon, d'ailleurs aussitôt octroyé que demandé, n'a-t-il pas lieu de surprendre de la part du pape? et ne faut-il pas tenir pour probable que les envoyés entretinrent celui-ci d'autre chose que de l'attentat contre les Jadertins, et en arrivèrent, sinon à avouer, dans tous leurs détails, les clauses du pacte conclu avec Philippe et Alexis, du moins à tâcher d'adoucir le Souverain Pontife, à l'endroit de ce pacte [6], en usant des arguments qui les avaient eux-mêmes, comme Pierre Capuano, convertis aux propositions allemandes [7]? Enfin, n'est-il pas nécessaire d'admettre que, désespérant de triompher de la résistance du pontife, ils se contentèrent de chercher à obtenir d'Innocent III (dans le dessein habile de créer

[1] La lettre V, 162, qui signale la présence de Nivelon à Rome, appartenant à la cinquième année du pontificat, est antérieure au 22 fév. 1203 : rangée la dernière dans le registre, elle a été avec raison placée par Potthast au mois de février.

[2] « Vestrum apud nos extenuarunt excessum. » (*Epist.* V, 162.)

[3] C'est ce que dit Boniface au pape dans l'*Epist. VI*, 100 (cf. VI, 102). « Reminiscens de consilio vestro multa dissimulanda fore loco et tempore, si « Veneti ad dissolutionem stoli aspirarent. »

[4] *Epist. VI*, 232.

[5] Villeh., nos 106 et s.

[6] « Unde principes nostri, missis Romam legatis, de omnibus istis papam « Innocentium consuluerunt. » (Albericus, p. 425.)

[7] Comparez les prédications qu'ils firent à l'armée à Corfou (Clari, p. 33) et à Constantinople (Clari, p. 57, Villeh., no 225).

d'avance une excuse aux croisés[1]) l'application spéciale à l'empire grec, de la double tolérance, relative au *ravitaillement* et à la *légitime défense* — tolérance qui était déjà venue mitiger, dans la confirmation pontificale du contrat de nolis[2], l'interdiction générale de toucher aux terres des chrétiens.

Mais le moment était mal choisi pour tromper une seconde fois le pape : aussi, dans les premiers temps de leur séjour, les envoyés ne purent-ils rien obtenir. Au contraire, Innocent, dont on venait, si peu de temps auparavant, de mépriser les ordres formels, prit alors ses précautions : Pierre Capuano, qui avait été, dès le mois de novembre précédent[3], envoyé vers un point de la côte italienne, voisin de Zara, reçut une bulle solennelle d'excommunication contre les Vénitiens[4], et une lettre qu'il devait faire parvenir au camp des Latins par un envoyé spécial (probablement par l'évêque Sicardi de Crémone, dont nous avons déjà parlé comme d'un compagnon fidèle du légat) : cette lettre[5] contenait de nouveaux reproches aux croisés, mais les admettait à résipiscence, sous la réserve que, *par chartes scellées*, ils déclarassent acquiescer aux conditions[6] sous lesquelles Innocent III leur octroyait son pardon — conditions se résumant à l'engagement *de ne plus attaquer* DORÉNAVANT *de nations chrétiennes*. Nous n'avons plus le texte même des promesses que devaient ratifier ces chartes scellées, mais nous savons qu'elles exprimaient l'obligation formelle de ne point toucher à l'empire grec, ni sous le prétexte de l'union, ni sous celui des crimes d'Alexis III et des droits du prétendant[7]. Par conséquent, que Nivelon et ses

---

[1] Ce que montrent les lettres qu'écrivirent les croisés, le fait une fois accompli (d. *Inn. III. Epist.*, VII, 110, 111, 202, VIII, 126, 133, et Tafel et Thomas, I, pp. 304 et s.). Cf. Günther, n° 14, Villeh., n° 165, Clari, p. 48.

[2] Voir plus haut, p. 22, not. 3.

[3] Voir plus haut, p. 60, not. 2.

[4] *Inn. III Epist.*, VI, 43, 99, 100.

[5] *Ibid.*, V, 162.

[6] « Petro S. Marcelli dedimus in mandatis ut, vel per se, vel per alium « virum discretum, ab eis, qui nondum juraverant nostris stare mandatis..... « recipiat juramentum »: (*Epist. V*, 162); cf. VI, 232. Le serment est inséré dans l'*Epist. VI*, 99; cf. *Chron. Halberst.*, p. 73.

[7] « Et vobis injung·nt, sub debito juramenti, vos, comites et barones, per « *litteras vestras apertas cum sigillis pendentibus*... UT A SIMILIBUS DE CÆTERO « PENITUS CAVEATIS, *nec invadentes terras Christianorum nec lædentes* in « aliquo, nisi forsan illi vestrum iter nequiter impedirent, vel alia justa sive « necessaria causa forsan occurreret, propter quam aliud agere, interveniente

compagnons aient déjà trouvé le pape informé de toutes les circonstances du traité allemand, par les rapports qu'il devait recevoir des agents officieux [1], entretenus par lui, à défaut de légat officiel, auprès des croisés excommuniés [2], ou que les envoyés de l'armée aient dû prendre sur eux-mêmes la tâche désagréable de mettre Innocent III au courant de l'affaire, il est certain qu'avant le 22 février 1203, ce dernier était parfaitement renseigné, non-seulement sur l'ensemble du pacte de Zara, dont le projet lui avait été d'ailleurs, en novembre 1203, soumis par Boniface, mais encore sur les principaux arguments qui avaient été émis en faveur de l'adoption de ce pacte.

Il faut remarquer, du reste, qu'Innocent III ne traitait qu'avec les chefs de l'armée, et qu'il savait parfaitement, d'une part, que c'était sous la pression du *commun des croisés* que la demande d'absolution avait été adressée à Rome, et de l'autre, que ce *commun des croisés* n'avait pas encore été initié aux projets allemands : en faisant, d'une renonciation formelle à ces projets, la condition expresse de l'octroi du pardon sollicité par les barons, et mêlant ainsi, avec habileté, l'affaire de Zara et celle de l'empire grec, le pape se faisait une arme de sa propre bienveillance, et plaçait les barons, pris ainsi entre leurs engagements à l'endroit de Philippe et les réclamations de leurs troupes, dans une situation difficile, dont il espérait bien ne les voir sortir que par le chemin de l'obéissance aux ordres du Saint-Siége. J'ajouterai que les négociations poursuivies par Innocent avec l'empereur, régnant, paraissent à cette époque ne s'être point ralenties, et que le pape préférait évidemment obtenir l'union par une voie régulière et sûre, qu'à l'aide d'une entreprise violente et illicite.

Qu'arriva-t-il, quand, vers la fin de mars, au lieu de recevoir de Pierre Capuano le serment spécial qui devait accompagner la charte exigée des barons, il apprit (probablement par ce

« apostolicæ sedis legati consilio, valeretis. » (*Epist. V*, 162.) C'est ce que répète, le 7 février 1204, la lettre VI, 232.

[1] Le premier fut Pierre de Locedio, chargé de porter les lettres défendant l'attaque de Zara (*Gesta*, n° 85); le second, Gui de Vaux-de-Cernay, qui les signifia *de par l'Apostoile* (Villeh. n° 83), et le troisième, l'élu de Bethléem (Albericus, p. 437).

[2] Même après l'absolution de Zara. (*Epist. VI*, 232.)

dernier, qui se tenait à Bénévent à portée de l'armée latine [1]),
— que les croisés s'étaient parfaitement passés, pour la mise
à exécution du pacte de Zara, de l'approbation pontificale —
qu'ils avaient envoyé chercher le jeune Alexis — et que de plus
ils avaient intercepté la bulle d'excommunication destinée aux
Vénitiens ? C'est ici que doit se placer le récit de Günther et la
peinture qu'il nous fait de la douleur d'Innocent III, et de
l'émotion que le pontife éprouva, à voir, pour la seconde fois,
la croisade lui échapper des mains.

Innocent a d'abord un moment d'hésitation suprême :
« *Cœpit vehementissime dubitare quid in tanto negotio esset*
« *agendum* [2] »; peut-être semble-t-il un instant, aux yeux de
son entourage, devoir abandonner la partie ? peut-être est-ce
sous l'impression de cet abattement apparent, qu'Otto de
Salem, l'agent secret du prince souabe à Rome, se hâte de
repasser les Alpes pour aller chercher à Ravensburg [3], la
bulle d'or, contenant le texte des fameux *Promissa Philippi*,
qui devaient terminer définitivement la lutte, au profit du roi
des Romains, et en particulier de ses prétentions sur l'Orient [4] ?
Mais le découragement du pape n'est pas de longue durée ;
fortifié par l'appui que lui donnent les délibérations d'une
sorte de concile improvisé, des conseils duquel il s'est entouré [5],
il se détermine à ne point entrer dans la voie des concessions,
et à pousser jusqu'au bout l'œuvre de la croisade : il ne veut,
ni ne doit obtenir, par contrainte, la soumission des chrétiens

(marginal note:) 23. Résolutions prises par Innocent III.

---

[1] « Ne Veneti, sicut accepisti pro certo, cum filio Isaaci, quondam imperatoris
« Constantinopolitani, quem ducere secum intendunt, velint in Græciam pro-
« ficisci. » (*Epist. VI*, 48.) M. Winkelmann (p. 525, not. 1) paraît penser qu'auparavant, Innocent III ne savait rien du pacte de Zara, et que ce fut seulement
après son départ pour la Syrie, que Pierre Capuano le lui annonça; mais ce
dernier n'ayant quitté l'Italie que le 7 ou le 8 avril, et la lettre, VI, 48, étant
du 21, il est nécessaire d'admettre que Pierre Capuano avait envoyé ces renseignements avant de s'embarquer.

[2] *Gesta*, n° 93; cf. Günther, n° 8 : « Tam ipse quam alii novis rumoribus turba-
bantur. »

[3] Voir Winkelmann, pp. 296, 528.

[4] Innocent III désavoua formellement Otto de Salem (*Reg. Imp.*, n° 90,
91).

[5] Günther, n° 8. Le même fait est présenté de la même manière, par les
Gesta, n° 95, mais reporté en août-sept. 1205, date de l'*Epist. VIII*, 133, qui
est placée dans le texte comme ayant été inspirée par cette réunion d'évêques ;
rien n'empêche d'admettre qu'à l'une comme à l'autre date, Innocent ait cru
devoir, comme en 1202, prendre conseil de son entourage.

d'Orient [1] et se sent obligé à faire passer l'union des deux
églises après la délivrance de la Terre sainte [2] : « quelques
crimes qu'ait commis Alexis III [3], les croisés n'ont rien à voir
aux affaires intérieures de Constantinople [4] ; et il ne faut
point qu'ils se prévalent, pour attaquer l'empire d'Orient,
de nécessités simulées [5]. » Le pape va donc agir sans délai
et avec vigueur : les ambassadeurs de l'armée latine sont
congédiés, à l'exception de l'évêque de Soissons [6], qui ne tar-
dera pas à les rejoindre. Des lettres, par lesquelles Innocent III
réclame impérieusement le serment, sans lequel l'absolution
de Zara doit être regardée comme nulle et non avenue, — et
partant *l'article spécial de ce serment relatif à l'empire grec*
— par lesquelles il ordonne de plus la signification immédiate
de la bulle d'excommunication des Vénitiens [7], sont confiées à
Jean Faicete et à Jean de Friaise, qui doivent les porter sans
retard à Zara. Martin de Pairis [8], effrayé de la colère du pape,
n'ose pas revenir au camp des croisés, et quitte Bénévent, le
4 avril, avec Pierre Capuano, qui, dispensé par Innocent de
rejoindre l'armée latine, se hâte, avec son nouveau compagnon, de mettre la mer [9] entre lui et les difficultés qui
allaient une seconde fois surgir, entre les croisés, dont il était
nominalement le chef spirituel, et le Souverain Pontife.

Jean Faicete, de retour à Zara, décida, par la peinture qu'il
fit de l'indignation du pape, les chefs de l'armée à prêter le
serment, à envoyer leurs chartes, et, en même temps, à s'ex-

[1] « Licet optaremus ut, per studium et sollicitudinem eorumdem, Constan-
« tinopolitana ecclesia ad devotionem ecclesiæ Romanæ rediret, quia tamen
« eos nec volumus circumvenire, nec debemus, etc., etc. » (*Epist. VII*, 132);
cf. VI, 101.
[2] « Quia tamen ad subsidium Terræ sanctæ propensius aspiramus. »
(*Epist. VII*, 18.)
[3] *Epist. VIII*, 133; *Gesta* n° 93. Voir page suiv., note 5.
[4] « Vos nullam in Græcos jurisdictionem habentes. » (*Epist. VIII*, 133.) —
« Cum super his nullam desuper acceperint potestatem. » (*Gesta*, n° 93.)
[5] « Cessantibus potius occasionibus frivolis et necessitatibus simulatis. »
(*Epist. VI*, 101.)
[6] *Epist. VI*, 99, où Jean Faicete figure seul comme revenu à Zara.
[7] Günther (n° 9) dit que Martin était porteur des lettres d'absolution des
Allemands, et qu'il les envoya à Zara par ses compagnons (Jean Faicete, etc.);
ce ne pouvait être que des lettres conditionnelles comme l'*Epist. V*, 162; elles
sont d'ailleurs perdues.
[8] Suivant Baudouin d'Avesnes (d. Tafel et Thom., t. I, p. 340), Robert de
Boves était allé droit en Syrie, sans même passer par Rome.
[9] Günther (n° 9). Ils étaient arrivés à Acre le 25 avril.

cuser de la suspension de la bulle adressée aux Vénitiens [1] ;
mais Boniface fit traîner tout en longueur, et ce ne fut qu'au
milieu d'avril, qu'un messager obscur [2] vint apporter à Rome
des pièces incomplètes, relatant un serment fait à l'instant
précis où l'on se préparait à en violer la clause la plus importante.

Est-ce cependant cette apparence de satisfaction donnée aux
ordres d'Innocent, ou peut-être quelque retour imprévu dans les
dispositions d'Alexis III, qui décida enfin le pape à octroyer à
Nivelon, resté, comme nous venons de le voir, après les autres
ambassadeurs, cette autorisation de *ravitaillement* [3] sur les
côtes byzantines, qu'il avait été chargé de demander en dernier ressort? Ce qu'il y a de certain, c'est que cette concession,
en apparence si peu considérable, et en réalité si dangereuse
pour la sécurité des Grecs, fut la seule faiblesse qu'Innocent III
put avoir, plus tard, à se reprocher, dans toute cette longue et
pénible affaire. Car si l'évêque de Soissons détermina le pape
à demander à Alexis III l'autorisation, pour les croisés, d'opérer
ce ravitaillement [4], s'il en rapporta la promesse verbale, il eut
aussi à remettre la lettre magnifique, où, sous peine d'anathème,
Innocent interdisait à Boniface et aux autres barons toute
attaque contre Alexis III, si grands qu'eussent été les crimes
de l'usurpateur, si désirable que semblât l'union promise par
le jeune Alexis [5].

---

[1] *Epist. VI,* 99.

[2] *Ibid.* — « Simplicitatem nuncii excusa, » dit Boniface (*Epist. VI,* 100).

[3] « Quod si forsan (Alexius III) ea vobis contingeret denegari... possitis et
« vos cum timore Domini sub satisfaciendi proposito, *ait necessitatem tantum,*
« ea *sine personarum* accipere *læsione.* » (*Epist. VI,* 102). — « Permittebat
« etiam eis ut, de maritimis locis Romaniæ, quam alluit id mare, cibos inemp-
« tos, id est, absque pretio, moderate tollerent, qui eis ad annum et dimidium
« possent sufficere. » (Günther, nᵒ 8.)

[4] « Ne autem victualia vobis desint, charissimo in Christo filio nostro, impe-
« ratori Constantinopolitano scribimus, ut... victualia vobis faciat exhiberi. »
(*Epist. VI,* 102.) Alexis III ne les refusa point : cf. Villeh. nᵒ 143.

[5] « Nullus itaque vestrum sibi temere blandiatur, *quod terram Græcorum*
« *occupare sibi liceat,* vel prædari, tanquam minus sit apostolicæ sedi subjecta,
« et quod..... imperator Constantinopolitanus, deposito fratre suo, et etiam
« excæcato, imperium usurpavit. Sane, quantumcunque in hoc vel aliis idem
« imperator, et homines ejus jurisdictioni commissi, delinquant, non est tamen
« vestrum de ipsorum judicare delictis, nec ad hoc crucis signaculum assump-
« sistis, ut hanc vindicaretis injuriam, sed opprobrium potius crucifixi cujus
« vos obsequio specialiter deputastis. Monemus igitur nobilitatem vestram.....
« quatenus nec decipiatis vos ipsos, nec ab aliis decipi permittatis, ut, sub

Malheureusement, la longueur et la difficulté des communications, obstacle que les barons, fuyant devant les ordres pontificaux, mirent si promptement au service de leurs propres desseins, combattirent au contraire contre les désirs d'Innocent III [1]. Et, si comme nous allons le voir plus loin, la lettre confiée à Nivelon paraît être arrivée en temps utile, il n'en fut pas de même des exhortations postérieures, adressées de Rome aux croisés, vers le mois de juin [2] seulement, c'est-à-dire plusieurs semaines après leur départ pour Constantinople.

24.
Fable
de la complicité
d'Innocent III.

Je dois faire ici une remarque indispensable : je ne me suis servi, pour établir les faits qui précèdent, que de la correspondance et des *Gestes* d'Innocent III : je dois avouer cependant qu'un très-grand nombre de témoignages contemporains rapportent tout autrement ces circonstances. Les uns, comme Villehardouin, Clari, Günther [3], se contentent de parler de l'absolution demandée par les croisés et donnée par le pape, sans mentionner, en aucune façon, la réserve expresse sous laquelle cette absolution était accordée; les autres, affirmant nettement la complicité d'Innocent III dans les événements qui suivirent la conclusion du pacte de Zara, vont jusqu'à dire (au rebours même de ce qui eut lieu en réalité), que l'attaque de l'empire grec avait été mise *pour condition* au pardon octroyé par le Saint-Siége [4]. S'il ne s'agissait que d'un ou deux textes isolés, il serait permis de passer outre, et de négliger, comme inexactes ou fabuleuses, de semblables assertions : mais ici le témoignage arrive de points trop divergents pour ne pas embarrasser la critique : informations

---

« specie pietatis agatis illa, quod absit ! quæ redundent in vestrarum perniciem
« animarum... In Terræ sanctæ transeatis subsidium , et crucis injuriam
« vindicetis, accepturi de hostium spoliis quæ vos, si moram feceretis in par-
« tibus Romaniæ, oporteret forsitan a fratribus extorquere. » (*Epist. VI*, 101);
« cf. la lettre VI, 232, qui ajoute : « Inhibitionem quoque præmissam, quæ ipsis
« *sub interminatione anathematis* facta erat, eos mandavimus memoriter
« retinere, » et les *Gesta* n° 93.
  [1] *Epist. VI*, 100.
  [2] *Epist. VI*, 102, placée arbitrairement par Potthast au 20 juin.
  [3] Villeh., n°s 104, 107; Clari, p. 14; Günther, n°s 8 et 9; Ernoul (p. 351), parle
de l'ambassade sans dire qu'elle ait réussi.
  [4] *Chron. de Morée*, p. 11; Zorzi Dolfin, *l. c.*; *Ann. Colonienses max.*, ad
ann. 1201, etc.

allemandes [1], françaises [2], vénitiennes [3], grecques [4] et russes [5]
concordent à un tel point, que, sous peine de considérer comme
un document falsifié ou mensonger la correspondance entière
du grand pape, il-faut chercher ailleurs le secret de cette
flagrante contradiction.

Je me permettrai donc — sans parler encore du retour posté-
rieur que j'aurai à constater dans les sentiments d'Innocent III
à l'endroit des croisés, retour que, par un anachronisme souvent intéressé, les chroniqueurs ont pu faire servir à expliquer, en la masquant, la désobéissance de Boniface — d'émettre
l'hypothèse que cette fable de la complicité, ou, tout au moins,
de l'indifférence du pape, remonte au temps même de la croisade, qu'elle n'est que l'écho d'une nouvelle manœuvre du
marquis de Montferrat, qu'enfin elle reflète tout simplement les
convictions du *commun de l'armée*, trompé sciemment, en cette
circonstance, par ses propres chefs. L'apport par Nivelon de la
101e lettre du sixième livre des Épîtres d'Innocent III [6], —
lettre qui contenait à la fois, et la confirmation de l'absolution
sur le fait des Jadertins, et la défense expresse de toucher aux
Grecs, — arrivant au moment même où les croisés se préparaient à quitter Zara, n'aurait fait, en ce cas, que déterminer
Boniface à hâter le départ de la flotte. Le marquis, ne laissant
ébruiter du contenu de la lettre que la partie relative à la levée
des censures, serait parvenu à tenir le reste assez secret, pour
que l'armée, voyant la mise à la voile suivre sans délai l'arrivée
de la missive pontificale, trouvât dans ce dernier événement

---

[1] *Annal. Col.*, l. c. *Chron. Montis Sereni*, l. c.

[2] *Anon. Laudun.* (d. D. Bouq., t. XVIII, pp. 711, 712); Mousket, *l. c.*; Albericus, p. 425.

[3] Dolfin, *l. c.*; Canale, p. 324; Andrea Navagiero, *Storia Venez.* (d. Murat.,
t. XXII, col. 981); P. Mauroceni, *Defensio Venetorum ad Europæ principes*
(d. Valentinelli, *Bibl. manuscripta S. Marci*, t. III, pp.203 et s.); cf. Sozomenus
Pistor. (d. Tartinius, t. I, p. 83.)

[4] Nicetas, p. 715; Georgius Acropolita, ch. II, pp. 6 et 7.

[5] *Chron. Novogorod.* (d. Hopf., *Chron. gréco-romanes*, p. 94), qui offrirait une
explication assez séduisante : « Et Isaacides : « Tota urbs, inquit, me impera-
« torem capit. » — « Papa vero Francis dixit : « Si ita res se habet, eum in solio
« collocetis, et postea Hierosolimam abeatis, Terræ sanctæ opem laturi ; quod si
« vero eum accipere nolueritis, ad me redeatis, neve Græcorum terram lædatis.»
« Franci autem omnesque eorum duces auri argentique cupidi erant, quæ
« Isaacides se iis daturum promisit, et mox imperatoris et papæ præcepta
« obliti sunt. »

[6] Le fait que cette lettre a été remise en temps utile résulte formellement
des lettres postérieures, VII, 232, et VIII, 133.

la cause immédiate du premier, et en conclût de bonne foi à la complicité du pape, dans la campagne qui allait s'ouvrir [1] : les chroniqueurs n'auraient fait alors que reproduire fidèlement cette opinion populaire. Les faits qui accompagnèrent le départ de Zara et le séjour à Corfou ne vont faire d'ailleurs qu'ajouter à la vraisemblance de cette conjecture.

25.
Alexis et les croisés à Corfou.

Aux termes du pacte de Zara, Alexis devait rejoindre l'armée dans cette ville, le 20 avril [2] ; mais Boniface, voyant que le prétendant n'arrivait point au jour convenu, et sentant, d'autre part, combien il était urgent, pour le succès de ses desseins, aussi bien de calmer l'impatience du commun de l'armée, irrité des lenteurs de l'expédition, que d'accroître la distance qui séparait de leur patrie les croisés, tentés sans cesse de rebrousser chemin, ordonna le départ pour Corfou de la flotte entière [3], ne se réservant que deux galères [4] laissées en arrière à la disposition du prince : lui-même resta à Zara, avec le doge, attendant de jour en jour l'arrivée d'Alexis, qui s'était attardé à Venise [5], en revenant de Hongrie, et n'apparut que le 25 avril [6], avec les messagers qui l'étaient allés quérir [7]. Les galères mirent aussitôt à la voile, et, après avoir reçu en passant la soumission de Durazzo [8], jetèrent l'ancre, vers le 1er mai [9], devant Corfou, où les partisans du prétendant avaient ménagé à celui-ci une ovation de commande [10]. Le marquis, inaugurant alors publiquement la tutelle que lui avait confiée Philippe de Souabe [11], prit avec lui le jeune prince, et lui fit partager sa tente [12].

[1] De même que les encouragements mis par la *Chron. de Morée* (p. 11) dans la bouche du légat du pape, ne seraient que le reflet de l'attitude de Pierre Capuano dans toute cette affaire. Cf. Canale, p. 324.
[2] Villeh. n° 99.
[3] 20 avril. « Cœperunt exire. »(*Devast. C. P.*, *l. c.*); 15 mai (*Chron. Halberst.*, p. 73.)
[4] Clari, p. 26 ; Villeh., n° 111.
[5] And. Dandulus, *l. c.*
[6] « In die B. Marci. » (*Chron. Halberst.*, *l. c.*)
[7] Clari, *l. c.*
[8] Villeh., n° 111.
[9] Un peu plus de trois semaines avant la veille de la Pentecôte (24 mai) ; cf. Villeh. n° 113 ; *Dev. C. P.*, *l. c.* « In septimana Pentecostes » (25 mai-2 juin). (*Chron. Halberst.*, qui se trompe évidemment.)
[10] Clari, p. 26 ; Villeh. n° 112.
[11] « Encui garde li rois Phelipes l'avoit comandé, que sa seror avoit à femme.» (Villeh., n° 112.)
[12] Clari, p. 26 ; Villeh., n° 112.

A partir de ce moment, les événements se précipitèrent à Corfou ; il s'agissait en effet d'enlever promptement, et de haute lutte, la troisième et dernière ratification qui manquait aux conventions allemandes : celle du commun de l'armée. Tout avait été préparé à l'avance pour que cette ratification ne fût qu'une simple formalité ; on s'était efforcé d'agir peu à peu sur l'esprit des petits chevaliers et des gens de pied ; on avait même cherché à frapper leur imagination, en colportant dans leurs rangs une prophétie qu'un certain comte allemand, devenu ermite à Raguse, venait de faire à l'évêque de Halberstadt, et qui promettait aux croisés la conquête certaine et prochaine de l'empire grec [1] : aucun obstacle ne paraissait donc devoir entraver désormais les projets de Philippe et de Boniface. Mais voici qu'au dernier moment, et lorsqu'Alexis, après avoir successivement comparu, en renouvelant ses promesses, d'abord devant les cinq chefs de la croisade, puis devant les hauts barons [2], vient à être présenté officiellement à l'armée tout entière, une opposition formidable se déclare ; le jeune prince et son tuteur se trouvent en face d'une véritable révolte : des cris tumultueux couvrent leurs voix ; l'immense majorité des croisés veut aller directement en Terre sainte [3]. On fait alors prêcher les évêques et les clercs de l'armée, qui ne craignent pas d'exposer, en contradiction formelle avec les injonctions pontificales qu'ils viennent de recevoir, la légitimité de l'attentat projeté contre Byzance [4], et s'évertuent à faire entrer, dans l'esprit de ces masses hostiles, les arguments les plus propres à agir sur l'opinion populaire [5]. Le marquis les soutient dans cette tâche difficile, et se multiplie pour sauver la cause subitement compromise de son

[1] Burchard de Hallermunde (*Chron. Halberst.*, p. 74). Sur ce personnage, voir von Alten, *Beitr. z. Geneal. d. Grafen v. Hallermunde* (d. la *Zeitsch. d. hist. Verein f. Niedersachsen*, 1863, pp. 159 et s.)

[2] Clari, pp. 26, 27.

[3] « Inter nos fuit magna dissensio et ingens tumultus : omnes enim clamabant : « Ire Accaron ! » (*Epist. H. S. Pauli*, d. Tafel et Thomas I, p. 304.)

[4] « Et li vesques... disent que che n'estoit mie péchiés, ains estoit grans aumosnes, car puisqu'il avoient le *droit oir*, qui deserités estoit, bien li pooient aidier à sen droit conquerre, et de ses ennemis vengier. » (Clari, p. 33.)

[5] Clari, p. 27.

pupille [1]. Mais ici, perdus dans la foule, les barons opposés
aux propositions d'Alexis, ne craignent pas d'exciter leurs
gens à repousser ce que, par crainte des cinq chefs, ils n'ont
osé franchement rejeter eux-mêmes, au temps du parlement
de Zara [2] : le parti de la résistance, qui ne veut point avoir à
renouveler chaque jour, en pays chrétien, les horreurs qui
viennent de se passer à Corfou [3], l'emporte; la majorité se
sépare de Boniface et des trois comtes, et s'en va tenir, loin
de la ville, une assemblée dissidente [4]. Il ne s'agit de rien
moins que de dépêcher des messagers à Brindes, où se tient
Gauthier de Brienne, afin que celui-ci envoie promptement les
moyens de transport nécessaires aux révoltés, pour rejoindre
sur l'autre rive de l'Adriatique, les déserteurs champenois,
groupés autour de l'adversaire victorieux des Allemands de la
Pouille [5].

Tout le plan de Philippe peut donc s'écrouler en un instant,
et si les séditieux persistent dans cette résolution inattendue
— inspirée peut-être de loin par Innocent III, tentant en
faveur de la Terre sainte, un dernier et secret effort —
l'armée, comme dit si bien Villehardouin, se disloque, et il n'y
a plus de conquête à faire. « *Nostre os sera faillie, et nos ne*
« *porons nule conqueste faire* [6]. » C'est ici que le maréchal
de Champagne place une de ces scènes sentimentales dont il
a le secret, et qui lui servent à dénouer les situations critiques
de son récit. Les cinq chefs et leurs adhérents vont, avec
Alexis et les prélats de l'armée, trouver les rebelles dans la
vallée où ces derniers tenaient leur parlement, se jettent à
leurs genoux, et finissent par obtenir, à force de larmes et de
supplications, la soumission des dissidents [7]. Il est cependant
probable que les choses ne se passèrent point d'une façon
aussi dramatique, et qu'il y eut de longues et pénibles discussions; car, de l'aveu même de Villehardouin et du comte de

[1] « Et li marchis de Monferras y metoit plus paine que nus qui y fust d'aler
« en Constantinoble. » (Clari, p. 27.) — « Il y metoit greigneur peine et greigneur
« consel d'aler en Constantinoble que tout li autre. » (Clari, p. 33.)
[2] Villeh., n° 114.
[3] *Chron. Halberst.*, p. 74.
[4] Villeh., n° 116.
[5] Villeh., n° 113; cf. Winkelmann, p. 298.
[6] *Id.*, n° 115.
[7] *Id.*, n° 116.

Saint-Paul, une convention que les chefs voulaient tenir
secrète, mais dont l'armée exigea la publicité, fut jurée et
signée de part et d'autre [1]. En vertu de cette convention, et en
retour de leur adhésion tardive aux demandes d'Alexis, les
opposants obtenaient que le séjour à Constantinople ne serait,
en aucun cas, de plus d'un mois [2], et qu'à partir de la Saint-
Michel, à quelque moment qu'ils en fissent la demande, on
leur donnerait, dans le délai de quinze jours, « à bone foi et
« sans mal engins », des vaisseaux pour aller en Syrie [3]. Or
cette diminution de six mois dans la durée du bail de la flotte
constituait une infraction formelle à l'un des articles du pacte
de Zara.

Il y a lieu de penser que ce fut également là, et sous la pression de l'opposition inattendue qui menaçait de perdre à tout
jamais la cause d'Alexis, que le prétendant se vit forcé d'ajouter
au pacte de Zara certaines clauses secrètes auxquelles j'ai fait
allusion plus haut. Les continuateurs de Guillaume de Tyr
prétendent que le doge, le marquis et le comte de Flandre,
reçurent chacun d'Alexis la promesse d'un subside de 100,000
marcs, et le comte de Saint-Paul, de 50,000 [4] : un autre
chroniqueur inscrit de plus dans cette liste le comte de
Blois, pour 100,000 marcs [5]. Ernoul ajoute que ces sommes
étaient *pour eux et pour les chevaliers de leurs terres* [6]. Ce
chiffre de 450,000 marcs est-il tout à fait indépendant et
distinct des 300,000 convenus à Zara, et sur lesquels s'accor-
dent presque tous les témoignages contemporains [7] ? Au premier abord, il semblerait permis d'en douter; car Ernoul ne
mentionne pas spécialement les chiffres des stipulations officielles (300,000 marcs), et, en dehors des sommes promises
aux cinq chefs, ne parle que du remboursement du loyer de
la flotte. On pourrait donc supposer que les 450,000 marcs
alloués au doge, au marquis et aux trois comtes, devaient se

26.
Clauses secrètes
ajoutées
au pacte de Zara.

---

[1] *Épist. H. S. Pauli*, p. 305.
[2] Villeh., n° 117.
[3] Villeh., *ibid.* Voir plus haut, p. 67, note 5.
[4] « Là atirerent que li quens de Flandres aroit c. m. mars, li dus de Venisse
c. m. mars, li marcis c. m. mars, et li quens de S. Pol l. mil mars. » (Ernoul,
p. 361.)
[5] Fr. Pippinus, *Chron.* (d. Muratori, t. IX, col. 616.)
[6] « Por eaus et pour les chevaliers de lor tieres. » (Ernoul, *l. c.*)
[7] Voir plus haut, p. 67, notes 1 et 6.

confondre avec le total stipulé pour l'armée entière : celle-ci
aurait été ainsi hypothétiquement divisée en autant de parties
qu'Ernoul nomme de chefs admis aux libéralités d'Alexis;
chacune de ces parties aurait bénéficié des subsides byzantins,
au prorata des sommes reçues par le chef correspondant, et,
en ce cas, le continuateur de Guillaume de Tyr, en ajoutant
ces mots : « *pour eux et les chevaliers de leurs terres* », et limitant
aux cinq chefs et à leur entourage immédiat, les largesses du
prétendant, n'aurait été que l'écho d'une pure calomnie venue
de Syrie. Mais nous avons une preuve écrite du contraire :
les subsides considérables dont parle Ernoul ont réellement
existé, et avec le caractère *personnel* qu'il leur attribue; en
effet, dans la charte du 12 août 1204, par laquelle Boniface
cède la Crète aux Vénitiens, il comprend dans la cession ses
droits sur une somme de 100,000 hyperpères d'or [1], soit
25,000 marcs d'argent [2], que lui avait autrefois promis
Alexis, et qu'il considère, par conséquent, comme sa pro-
priété individuelle. Or cette somme, en 1204, ne pouvait être
qu'un reliquat ; car l'on sait que l'année précédente, sur les
subsides promis, Isaac II et son fils avaient versé des
à-compte importants [3] ; et le marquis ne pouvait s'être trouvé
le dernier à recevoir des témoignages sensibles d'une gratitude
qu'il méritait avant tous les autres. Nous voici donc bien près
de ces 100,000 marcs attribués par Ernoul à Boniface, et
tout à fait distincts, cette fois, du salaire total de l'armée. De
la véracité d'Ernoul à l'endroit du subside alloué à Boniface,
il semble nécessaire de conclure à l'exactitude de ce qu'il
avance, et pour les autres chefs, et pour les chevaliers de leurs
terres. Ce serait donc *en argent* que, non-seulement les cinq
chefs, mais encore ceux qui se tenaient à leur parti, c'est-à-
dire les signataires du traité de Zara, *Villehardouin* compris,
et aussi ceux dont il avait fallu acheter ensuite ou l'influence
ou le silence, auraient reçu le prix de la violation du serment
qu'ils venaient de sceller de leurs sceaux de chevaliers et
d'envoyer au pape! Comment d'ailleurs expliquer autrement le

[1] « De centum millibus yperperorum qui michi fuerunt promissi per per-
« scriptum imperatorem. » (*Refutatio Cretœ*, d. Tafel et Thomas, t. I, p. 513.)
[2] A quatre hyperpères pour un marc d'argent, poids de Cologne ; cf. Günther, n° 8.
[3] Villeh., n° 193. Voir plus loin, p. 100, not. 5.

passage subit à l'intimité du marquis, de plusieurs barons tels que Guillaume de Champlitte et Jacques d'Avesnes [1], auparavant les adversaires les plus ardents du pacte de Zara, et les chefs mêmes de la révolte de Corfou [2] ?

Un autre point moins discutable, c'est que, parmi ces clauses secrètes obtenues du prétendant, figurait la cession à Boniface de l'île de Crète. Cette cession, affirmée par la charte que nous avons citée tout à l'heure [2], avait dû, il est vrai, être promise par Alexis, dès l'origine des négociations ; mais l'inféodation définitive — salaire bien mérité d'ailleurs de toutes les peines que s'était données le marquis pour son pupille — n'eut probablement lieu qu'une fois tous les obstacles levés, c'est-à-dire à Corfou, le lendemain de la soumission des chevaliers dissidents.

Au sujet de cette dernière tentative de désertion de la plus grande partie des croisés, je dois faire encore une remarque générale, et revenir sur les incidents analogues que je n'ai fait qu'indiquer en passant. Depuis le printemps de 1202 jusqu'au deuxième siége de Constantinople, Villehardouin parle sans cesse, et en termes amers, du parti qui voulait disperser l'armée, « *qui voloient l'ost depecier* », — parti qui détermina, à plusieurs reprises, ces désertions, dont les motifs véritables ont si justement préoccupé M. de Wailly, et à l'examen desquelles il a consacré une large place dans ses *Eclaircissements* [4].

Toutes les croisades ont eu des contingents infidèles aux rendez-vous fixés d'avance, aux *passages* officiels, — contingents partant trop tôt ou trop tard, ou se séparant en chemin du gros de l'expédition, pour chercher des aventures isolées, plus nuisibles qu'utiles au résultat général poursuivi par la majorité ; mais jamais cette désagrégation fâcheuse ne se produisit plus souvent, et sur une plus vaste échelle, que parmi les croisés de 1202-1204. Hurter [5], que ce fait avait frappé vivement, va

---

[1] Villeh., n°s 279, 284.

[2] *Id.*, n° 114.

[3] Tafel et Thomas, t. I, pp. 513 et 461 ; cf. And. Dandulus, p. 331, Heyd. pp. 101. 102 ; voir aussi Phranzès, l. I, c. 34, éd. de Bonn, p. 107 ; Jacob. de Borcanino, d. Pasini, *l. c.*; Navagiero, p. 983 ; enfin, Bonincontro (d. Lami, *Del. erudit.* t. V, p. 79) et Sabellico (VIII, c. II, f. 64), qui placent la donation de la Crète à Boniface, un peu avant la première prise de C. P., et à la suite d'une ambassade envoyée à Alexis IV par les habitants de l'île.

[4] *Eclairciss. à Villehardouin*, pp. 456 et s.

[5] *Hist. d'Innocent III*, t. I, p. 543.

Contraste insuffisant
NF Z 43-120-14

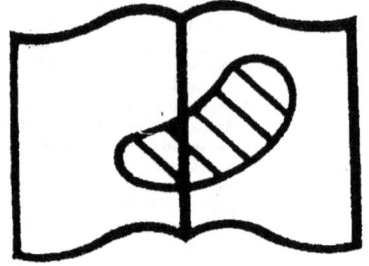

Illisibilité partielle

VALABLE POUR TOUT OU PARTIE DU
DOCUMENT REPRODUIT.

jusqu'à y voir une des causes réelles de l'abandon, par les Latins, de la route de l'Égypte, comme si l'on n'eût pris le parti d'aller à Constantinople qu'en désespoir de cause, et parce que l'amoindrissement de l'effectif de l'armée aurait rendu toute autre expédition impossible. La vérité ne serait-elle point dans l'assertion précisément opposée, et n'est-il pas permis d'avancer que c'est, au contraire, le projet d'attaquer l'empire grec qui a provoqué les désertions successives de la quatrième croisade? — que le plan imaginé par Philippe de Souabe a agi, comme un perpétuel dissolvant, sur l'armée latine, — et qu'enfin, sans la ténacité avec laquelle le chef même de cette armée la poussait où elle ne devait et ne voulait point aller, le chiffre des déserteurs n'eût pas dépassé celui que nous présentent les autres guerres saintes? N'est-ce pas, en un mot, du projet allemand qu'est née la désagrégation, plutôt que de celui-là de celle-ci?

Si nous suivons ici Villehardouin, qui attribue, pendant près de trois ans, à un seul et même parti l'idée persistante de disloquer l'armée, nous remarquerons que c'est seulement à Corfou que le maréchal de Champagne exprime, sans réticences, l'origine de cette idée, et le motif de cette persistance : or ici ce motif est l'hostilité contre le plan de Boniface, instrument de Philippe de Souabe. Pourquoi alors — tout en tenant compte des raisons parallèles et complexes qui, jusqu'à Corfou, ont pu agir dans le même sens que l'antipathie inspirée par le projet allemand, et souvent même masquer cette antipathie aux yeux de témoins plus ou moins bien informés — ne pas conclure de l'aveu échappé à Villehardouin sur la cause de la désertion avortée de Corfou, à l'existence de cette même cause comme mobile perpétuel du parti qu'il nous montre si âpre à son œuvre de dislocation, depuis l'élection de Boniface jusqu'à la mort d'Alexis IV?

Revenons un instant au mois de septembre 1201 : le marquis de Montferrat vient d'hériter de la charge et des trésors du comte de Champagne : il part aussitôt pour la cour de Philippe excommunié, et s'y attarde tout l'hiver : on ne sait rien encore de ce qui va sortir de leurs conciliabules ; mais le fait de voir le chef même de la croisade prêchée par Innocent III aller prendre conseil de l'adversaire déclaré du pape, paraît suspect à un grand nombre de croisés qui vont s'embarquer à Marseille [1].

[1] Voir M. de Wailly, l. c.

En Lombardie, on soupçonne déjà les projets de Haguenau ;
Innocent III en a été informé ; Alexis donne en spectacle
aux croisés, arrivant en foule, sa prétendue infortune, et
tout à coup la désertion prend des proportions inquiétantes :
les croisés allemands, craignant les censures de l'Église,
ou suspendent leur départ, ou rebroussent chemin ; les
croisés français vont en foule rejoindre l'adversaire du parti
germanique en Italie, Gauthier de Brienne ; enfin la com-
tesse de Flandre, à laquelle rendez-vous était donné sur les
côtes de Romanie, et qui se trouvait par conséquent parfaitement au courant des projets confiés à Baudouin, plus
scrupuleuse que son mari, désapprouve ces projets, et va
droit de Marseille en Terre sainte avec la flotte de Jean de
Nesle.

Une fois les croisés réunis au Lido, le parti qui veut disloquer l'armée, s'affirme ; il est en correspondance directe avec
Innocent III, peut-être même avec Gauthier de Brienne, et les
grands barons ont déjà à compter avec lui. Que la rapacité des
Vénitiens, comme le veulent Günther et l'anonyme de Laon[1] ;
que le sentiment vague de l'entente impie de la république
avec le sultan d'Egypte ; qu'enfin la crainte des censures de
l'Église au sujet de l'attaque de Zara, soient venus là aider
puissamment à la répugnance des opposants pour Boniface et
ses secrètes visées, il n'y a pas lieu d'en douter ; mais antérieurement cette répugnance agissait déjà, et d'une façon
indiscutable, comme cause effective.

Le cercle de la publicité va d'ailleurs s'agrandissant chaque
jour pour les projets allemands : du conseil des cinq chefs,
ils sont passés dans le sein du parlement des barons, pour
être bientôt soumis au commun de l'armée : de plus, après
l'absolution conditionnelle sur le fait de Zara, il n'y a plus
de causes parallèles et complexes qui viennent cacher le
mobile véritable du parti dissident : Simon de Montfort et les
déserteurs de Zara affichent sans ménagements leurs antipathies contre les propositions d'Alexis.

Boniface et le doge, qui n'ont pas, sur les forces extraordinaires de l'empire grec, les illusions que Günther prête

___
[1] Günther, n° 6; Anon. Laudun (d. D. Bouquet, t. XVIII, p. 711).

gratuitement à Innocent III [1], ne s'inquiètent pas encore, il est
vrai, de ce quatrième démembrement de l'armée; car, pour
l'exécution du plan qu'ils méditent, mieux vaut une petite
troupe, animée de l'esprit même de ses chefs, qu'une grande
masse de mécontents et d'indisciplinés : aussi se contentent-
ils de quitter le voisinage de Rome et de hâter le départ de la
flotte. C'est seulement à Corfou que, devant la menace d'une
désagrégation subite et totale de leurs forces, ils prennent
l'alarme : alors seulement ils agissent, avec rapidité et décision, sur l'esprit de leurs hommes : mensonge à l'endroit de
l'opinion d'Innocent III, fausses prophéties, achats d'influences, démarches humiliantes, tous les moyens leur sont bons,
et ils en usent sans perdre de temps; la révolte est conjurée,
le résultat souhaité depuis si longtemps, enlevé comme par
surprise; Alexis prête en hâte les serments nécessaires [2]; on
met à la voile (25 mai), et huit jours après [3], grâce à un vent
exceptionnellement favorable, on entre dans les Dardanelles.
A partir de ce moment, et la croisade une fois détournée de sa
destination primitive, les résistances d'Innocent III sont rendues
inutiles, la politique allemande triomphe, et si quelqu'un a le
droit de se réjouir de ce résultat imprévu, c'est bien, —comme
le dit Ernoul en terminant le récit de cette première partie de
la croisade, — le chef des Infidèles, à qui les projets du pape
préparaient un avenir si menaçant [4].

[1] Günther, n° 8.
[2] « Adont si fisent le vaslet jurer seur sains, que il leur tenroit ches conve-
nanches qu'il leur avoit dit par devant. » (Clari, p. 33.) — « Ensi fu otroié
et juré. » (Villeh. n° 118.) Tafel et Thomas (t. I, p. 424) placent ici un renouvel-
lement du pacte de Zara, s'appuyant sur le commencement de la lettre du
comte de Saint-Paul qui s'exprime en effet (*ibid.*, p. 304; cf. Clari, p. 26)
comme si les conventions n'avaient été signées qu'à Corfou; mais (voir plus
haut, p. 77) tout avait été signé et scellé à Zara, et s'il y eut une discussion
nouvelle à Corfou, ce fut entre les deux partis qui divisaient les croisés, et non
entre l'ensemble de ceux-ci et Alexis, qui ne dut prêter qu'un serment confir-
matif, analogue à ceux des plénipotentiaires de 1201. (Tafel et Thomas, t. I,
pp. 358-362.)
[3] « Octavo die. » (*Epist. H. S. Pauli, l. c.*)
[4] « Or oïent bien oï le proïere et le requeste que li soudans d'Egypte lor fist
qu'il destournassent les pelerins à mener en Alixandre. » (Ernoul, p. 362.)

VI

CONSTANTINOPLE

28.

Restauration
d'Isaac II
et avènement
d'Alexis IV.

Je viens de suivre, jusqu'à l'instant précis où la quatrième croisade a changé de direction, la marche, tantôt cachée et tantôt ostensible, de l'influence à laquelle je crois devoir imputer ce changement. Je pourrais donc arrêter ici cette étude, en considérant comme suffisamment établie la thèse que je me proposais de soutenir ; mais je pense qu'il n'est peut-être pas inutile de chercher un surcroît de preuves, dans l'examen des faits qui suivirent le départ de Corfou et le triomphe des projets de Philippe de Souabe.

J'ai montré Boniface prenant à forfait, pour le compte du roi des Romains, fils et frère des bienfaiteurs de sa maison, la restauration du jeune Alexis ; — le doge, obéissant à son ressentiment privé et aux obligations du pacte avec Malek-Adel ; — enfin l'armée latine (représentée par les trois comtes), cherchant dans une agression contre l'empire grec, autant une aventure glorieuse et la satisfaction de rancunes séculaires qu'un point d'appui hypothétique pour les croisades futures ; — et pourtant, malgré ces tendances contraires, tous ensemble s'unissant pour mettre à exécution, sans en pénétrer les conséquences, le plan de Philippe de Souabe. Or, si, une fois leur but atteint, nous voyons immédiatement surgir, entre ces alliés de la veille, des rivalités d'intérêt, et que nous puissions, avec quelque certitude, rapporter ces rivalités à la poursuite par l'un quelconque d'entre eux de la politique individuelle qui, souvent à l'insu des deux autres, paraissait auparavant le guider, n'aurons-nous pas à conclure de la manifestation au grand jour de ces vues divergentes, à leur préexistence secrète, mais indubitable, dans les événements antérieurs dont nous venons de nous occuper ? Ainsi, des divisions mêmes qui vont suivre le triomphe obtenu en 1203 par une union factice, jaillira forcément la lumière sur les motifs qui auront pu déterminer cette union, et en particulier sur le rôle joué par Boniface de Montferrat, tout à la fois

le chef des croisés et l'agent secret de la politique allemande.

Le marquis paraît s'être trompé, ou plutôt avoir été trompé,
dès l'origine, par les faux rapports d'Alexis et les illusions
d'Irène, sur un point capital, point dont il est, du reste,
excusable de n'avoir pu apprécier de loin l'importance : je
veux parler de la force que l'opinion populaire avait dans une
ville comme Constantinople, quatre ou cinq fois plus peuplée,
à cette époque, que les plus grandes cités de l'Occident.
Alexis III, dont Nicétas nous peint les défauts, avec son exa-
gération habituelle, ne semble pas avoir été aussi haï des
Byzantins que les chroniqueurs le prétendent : une fois
d'ailleurs les projets des Latins connus, et leur arrivée prochaine annoncée, le souverain régnant personnifiait, aux
yeux de ses sujets, l'indépendance de l'empire, et surtout de
l'Église grecque : tous les partis se groupèrent autour de lui, et
quand les croisés, faisant monter pompeusement sur un vais-
seau le prétendant imberbe dont ils proclamaient les droits à
son de trompe, le promenèrent en vue des murs de la ville
impériale, ils ne recueillirent, à leur grand étonnement [1], de
cette exhibition ridicule, que des huées et des sifflets, et durent
reconnaître trop tard que les droits légitimes et la popularité
prétendue de leur candidat n'existaient que dans les rêves
mêmes du jeune Alexis.

Une fois forcé de l'imposer par les armes aux habitants de
Constantinople, Boniface aurait dû réclamer, pour son pupille,
un pouvoir sans partage, pouvoir qui eût permis au marquis,
par une tutelle intelligente, de mener à bien, et l'union des
deux églises, et la stricte exécution du pacte de Zara : mais il
se trouva prévenu par les Grecs, qui, le lendemain de la fuite
de l'empereur régnant, s'empressèrent de faire ce qu'on ne
leur demandait point, et, au lieu de proclamer le prétendant,
rétablirent solennellement le père de ce dernier.

Isaac II, esprit médiocre, affaibli encore par les ennuis d'une
longue captivité, et ne songeant qu'à se revêtir d'habits magni-
fiques, n'était bon qu'à imposer aux barons par ses grands airs,
tout en les embarrassant de sa nullité, tandis qu'autour de lui

[1] Villeh., n° 146; Clari, p. 34; *Epist. H. S. Pauli, Epist. Cruces.* (d. Tafel et
Thomas I, pp. 306, 429-430).

pouvaient se tramer, en toute sécurité, les intrigues habituelles dont Byzance savait si bien user à l'endroit des Latins. Boniface aurait dû s'en tenir à la lettre des renonciations consenties autrefois par le vieil empereur, et refuser de reconnaître une restauration à laquelle les croisés étaient restés étrangers : mais comme Isaac s'était empressé, en ouvrant à ceux-ci les portes de Constantinople, de leur donner une satisfaction relative, il était difficile au marquis d'en demander davantage, sans dévoiler au grand jour la partie secrète du plan de Philippe de Souabe. Il y eut pourtant de la part des chefs de la croisade une hésitation manifeste, à la nouvelle inattendue du rétablissement d'Isaac : ils avaient traité avec le prétendant seul, et le retinrent en otage [1] jusqu'à ce qu'une ambassade, envoyée par eux, eût pu se rendre compte de la situation nouvelle, et des sentiments du père du jeune prince. Isaac, qui eut soin de recevoir à huis clos les messagers de l'armée [2], de crainte que quelque chose de leurs discours et de leurs exigences ne vînt à transpirer au dehors, ne montra pas la souplesse que devaient faire espérer les lettres écrites par lui du fond de sa prison ; et ce ne fut qu'avec les marques du plus vif étonnement et comme la main forcée, qu'il consentit à ratifier le pacte de Zara [3], et à faire honneur à la signature de son fils et au *sceau pendant* [4] du roi des Romains. Il paraît même n'avoir consenti que plus tard, et après une résistance assez longue [5], à associer au trône le jeune Alexis, et à le laisser couronner dans Sainte-Sophie (1er août) ; l'évacuation immédiate de la ville par les Latins [6] semble avoir été le prix de cette concession du vieil empereur à leurs désirs. Ce fut une nouvelle faute de Boniface, car, du même coup, Alexis lui échappait, pour tomber sous l'influence de la cour byzantine, et en particulier de Murzuphle dont les intrigues habiles allaient bientôt amener la chute du jeune prince.

Cette faute, le marquis ne fut pas longtemps à en sentir la gravité : s'avisant alors d'un expédient qui lui avait déjà réussi

29.
Boniface
et Alexis IV.

[1] Nicetas, p. 728.
[2] Villehardouin, n⁰⁰ 183-185.
[3] Villeh., n⁰ 189 ; Clari, p. 43 ; Baud. d'Avesn., *Epist. H. S. Pauli* (d. Tafel et Thomas, t. I, pp. 311, 349.) ; And. Dandulus, *l. c.* ; *Dev. C. P.*, p. 89.
[4] Villeh., n⁰ 188.
[5] *Id.*, n⁰ 193.
[6] *Id.*, n⁰ 191 ; Clari, p. 43 ; Günther, n⁰ 13.

durant le voyage de Corfou à Constantinople, il eut l'idée de
parcourir l'empire avec Alexis IV, et d'aller — exerçant au
grand jour la tutelle qui lui avait été confiée par Philippe de
Souabe — recevoir, comme il venait de le faire avant la prise de
Constantinople, pour plusieurs des îles de l'Archipel[1], la soumission des provinces qui reconnaissaient alors la suzeraineté
impériale. Derrière lui, il laissait le doge et les trois comtes, et
pour n'avoir rien à craindre, en son absence, de leurs dispositions, il les liait, avant de partir, par une nouvelle convention
qui prolongeait de six mois le délai primitif d'une année
supplémentaire du bail de la flotte[2], et qui, retenant l'armée
jusqu'au 29 septembre 1204[3], donnait pleine satisfaction aux
Vénitiens par l'ajournement presque indéfini du départ pour
l'Égypte. En outre, pour désarmer l'opposition du commun
de l'armée, de plus en plus hostile, une fois Alexis restauré, à
tout ce qui pouvait retarder encore la guerre contre les Infidèles[4],
il faisait hâter, malgré les plaintes d'Isaac, le versement d'un
à-compte important sur les sommes inscrites au pacte de
Zara[5].

---

[1] Villeh. n° 123; Baud. d'Avesnes, p. 342.
[2] Je rappelle que le contrat de nolis allait du 29 juin 1202 au 29 juin 1203;
que le pacte de Zara avait prolongé le bail du 29 juin 1203 au 29 juin 1204, et
que la convention de Corfou l'avait réduit au 29 septembre 1203. Voir plus
haut, p. 67, note 5.
[3] Villeh., n°s 195-197; Dev. C. P. l. c.; Baud. d'Avesn., l. c.
[4] Villehardouin, l. c.
[5] « Comença à paier l'avoir qu'il devoit à cels de l'ost. » (Villeh., n° 193.)
— « Dimidiam promissæ pecuniæ partem numerari jussit. » (Günther, n° 13.
Suivant Clari (p. 46), 100,000 marcs, dont la moitié aux Vénitiens, qui reçurent en outre le remboursement des 34,000 marcs dus au Lido, tandis que
le reste (16,000 marcs) servit à faire rentrer dans leurs avances ceux
des croisés qui avaient contribué aux collectes de Venise. Suivant la
Cronaca Altinate (p. 192), les Vénitiens ne reçurent alors que 40,000
marcs. Lors des négociations avec Murzuphle le doge exigeait, suivant
Nicétas (p. 754), le payement immédiat de 50 centenaria d'or (5,000 livres
d'or à l'écart de 1/12,2), soit environ 125,000 marcs d'argent. Enfin, suivant André Dandolo (p. 322) : « Promissa, adepto imperio, sine mora
« Francis implevit, sed non æque Venetis, ut in eorum continetur His-
« toria; Francorum tamen Historia narrat ducenta millia marcharum data
« communiter Francis et Venetis. » Il est regrettable que cette Historia Venetorum, aussi bien que l'Historia Francorum (qui ne saurait être ni Ernoul,
ni Villehardouin, ni Clari, ni Günther, ni la Chronique de Morée, dont
aucun ne donne ce détail) soient perdues, ce qui laisse ce point dans
l'obscurité. Je pense qu'il dut y avoir, comme le dit Nicétas, plusieurs
versements, dont la somme totale atteignit 200,000 marcs, soit la moitié
des 400,000 officiellement inscrits au pacte de Zara (V. plus haut, p. 54,

Parti avec les fidèles allemands qui avaient marché sous ses
ordres au siége récent de Constantinople [1], et quelques chevaliers français chèrement payés [2], il n'eut d'abord qu'à s'applau-
dir du résultat de la campagne qu'il venait d'entreprendre :
toutes les portes s'ouvraient devant lui, et, à la suite de cette
promenade triomphale, son renom personnel ne faisait que
grandir aux yeux des Grecs [3]. Mais cette importance nouvelle
du marquis ne pouvait faire l'affaire des Vénitiens; ils paraissent,
en effet, à partir de ce moment, avoir trouvé suspect ce rôle
de Mentor, joué si ostensiblement par Boniface, et — tout en
ayant accepté avec joie et peut-être sollicité la prorogation
de six mois, si favorable à leurs desseins secrets—n'avoir point
vu, sans inquiétude, s'affirmer avec tant d'autorité une tutelle
exercée au nom de Philippe de Souabe. Tout entouré du prestige que venait de donner à sa vaillante vieillesse le succès
encore tout récent de ses conseils, Dandolo dirigeait seul le
camp des croisés [4] : et c'est précisément pendant les six semaines que dura, en l'absence de Boniface, l'exercice incontesté
de l'influence du doge, que les choses vinrent à s'aigrir, puis à
se brouiller complètement entre les Latins et les Grecs. L'his-

note 3) — que le premier de ces versements, qui eut lieu aussitôt après
le couronnement d'Alexis IV, est celui dont Clari parle en détail : et
qu'enfin les Vénitiens, en raison probablement des arrérages du loyer de
leur flotte, se trouvèrent, en fin de compte, créanciers d'Alexis pour une
plus forte somme que les Latins, soit dans la proportion de 3 à 1 (environ 125,000 contre 35,000 marcs), ainsi que semble l'indiquer l'article 3 du
pacte anticipé de partage de l'empire (Taf. et Thom. t. I, p. 446) : La Farina
(t. I, p. 656) paraît n'avoir pas compris, sur ce point, le texte de Nicétas.
[1] Les Allemands faisaient partie de la *bataille* du marquis (arrière-garde
du 7e corps d'armée.) « La setime bataille fist li marchis Bonifaces de Mon-
« ferrat, qui mult fu granz; là furent li Lombart, et li Toscain, et li Aleman,
« et tote les genz qui furent des le mont de Moncenis trosque à Lion sor le
« Rone. Tuit cil furent en la bataille le marchis, et fu devisé que il feroit
« l'ariere-garde. » (Villeh., n° 153.) Ici M. de Wailly traduit *li Toscain* par
les Toscans; ce serait, je le crains, le seul exemple d'une dénomination sem-
blable, appliquée, à cette époque, aux gens de Pise, de Florence et de Sienne,
villes qui paraissent n'avoir envoyé aucun croisé à C. P. Je ferai remarquer
ensuite que, dans un des manuscrits de Villehardouin (n° 74), Catzenelnbogen,
la seigneurie du comte Berthold, est orthographié : *Cascelene en Tosce. Li Toscain* ne seraient-ils pas tout simplement les gens de Berthold, les Souabes,
par opposition aux Rhénans (ou Allemands proprement dits)? *Toscaín*
équivaudrait alors à *Tudesques.*
[2] Nicétas, p. 735.
[3] Villehard., n°s 201-202; Clari; p. 47; Baud. d'Av., p. 350.
[4] « Ad nutum ejus publica negotia solebant disponere. » (Günther, n° 14.)

toire des réclamations du Lido nous a donné un échantillon de la manière dont Dandolo comprenait les affaires d'argent : quand, au lieu de 34,000 marcs, il eut à réclamer des livres d'or, par centaines, on peut se douter de l'âpreté dont il usa envers le vieil empereur. Il est même permis de penser, que, comme au Lido, cette âpreté, à moitié feinte, cachait, encore une fois, une intention secrète, — celle d'ameuter les Grecs contre le jeune Alexis, accusé de toutes ces exigences [1], et d'amener, en rendant impopulaire le pupille de Boniface, des complications que les Vénitiens ne manqueraient point ensuite de mettre à profit. Isaac, pourchassé par les réclamations incessantes de Dandolo [2], s'exécuta d'abord du mieux qu'il put, et ne craignit point de scandaliser la ville entière, par les profanations à l'aide desquelles il parvint à se procurer de l'argent [3] : mais, soit que ces sommes fussent dilapidées en chemin, avant d'être versées au trésor de l'armée, soit qu'en réalité Isaac eût trouvé des difficultés de perception insurmontables, il vint un moment où les payements s'arrêtèrent. Montés sous main par le doge, les croisés s'empressèrent alors de rappeler [4] ceux de leurs compagnons qui avaient suivi Alexis IV et Boniface. Ce dernier, resté seul avec son pupille, se vit obligé de précipiter son retour, en laissant son œuvre inachevée ; et, une fois revenu à Byzance, Alexis échappa de nouveau à l'influence du marquis : le but auquel tendait Dandolo était ainsi, et sans coup férir, à moitié atteint.

Boniface trouva la guerre complétement allumée dans Constantinople : non contents d'agressions à main armée, les croisés avaient de nouveau mis le feu à la ville [5] ; or rien n'était plus cruel aux Grecs que ce procédé barbare, qui anéantissait, en un instant, les chefs-d'œuvre séculaires auxquels ils attachaient tant de prix [6] ; rien n'était plus propre à leur faire prendre en haine le jeune empereur. Aussi, après l'incendie, y avait-il eu des émeutes inquiétantes, à la suite desquelles tous

[1] Günther, nᵒ 13.
[2] Nicetas, p. 729.
[3] Nicetas, l. c.; Chron. Novog., p. 94.
[4] Villeh., nᵒ 207; Clari, l. c.; Devast. C. P., p. 96.
[5] Villeh., nᵒˢ 203-205; Nicetas, pp. 731-734.
[6] Voir les termes touchants dont la *Chronique de Novogorod* (p. 94) se sert pour expliquer la fuite d'Alexis III par la douleur que causa à ce prince l'incendie du premier siége.

les colons latins avaient été expulsés de la ville [1]. Pour comble
de malheur, Alexis IV, probablement effrayé de son impopularité grandissante, s'était — après de longues hésitations, cau-
sées par la crainte que lui inspirait encore son beau-frère [2] —
jeté dans les bras de Murzuphle [3], l'ennemi acharné des Latins,
et avait fini par refuser, un beau jour, d'écouter les représenta-
tions du marquis, auquel il devait pourtant la couronne [4]. Les
payements furent complétement suspendus ; les vivres mêmes
vinrent à manquer [5] ; une ambassade solennelle de l'armée
latine fut éconduite, sans avoir rien obtenu [6], et tout le mois
de décembre 1203 se passa en combats incessants entre les
habitants de Constantinople et les croisés [7] : Boniface voyait
crouler toutes ses espérances.

Sur ces entrefaites le vieil Isaac mourut [8], et les Grecs, qui
paraissent n'avoir jamais pris au sérieux le titre impérial dont
on avait affublé Alexis IV, s'agitèrent pour trouver un souverain capable de faire face aux circonstances. Endormi par
Murzuphle, Alexis n'avait pas conscience du péril où il se
trouvait : il fallut l'élection de Nicolas Cannabé pour lui dessil-
ler les yeux ; ce fut seulement alors qu'il se décida à implorer
le pardon et à solliciter le secours de son tuteur [9]. Un complot
fut organisé pour introduire le marquis dans le palais de
Bucoléon [10]. Mais il était trop tard ; Murzuphle, qui avait été
chargé imprudemment de cette négociation secrète, n'en
attendait que la conclusion, pour l'exploiter à son profit, en
la dénonçant au peuple [11]. Alexis est jeté en prison, en même

---

[1] Günther, n° 13 ; Villeh., l. c.
[2] « Videres eum graviter anxiari, quasi medium inter suorum nequitiam et
« amorem nostrorum, et gratiam Philippi regis, quod si nostros, vel falleret,
« vel læderet, graviter metuebat offendere. » (Günther, n° 13.)
[3] Cf. Günther, n° 13 ; Clari, pp. 47, 48 ; Nicetas, p. 735.
[4] « Li marchis Bonifaces de Monferrat, qui plus l'avoit des autres servi et
« mielz ere de lui, ala mult sovent ; et il blasmoit le tort que il avoit vers
« els, et reprovoit le grant servise que il li avoient fait, que onques si granz
« ne fu faiz à nul home. » (Villeh., n° 209) ; cf.Baudouin d'Av., t. I, p. 351.
[5] Clari, p. 49.
[6] Clari, p. 48 ; Villeh., nos 212-215.
[7] Villeh., l. c. ; Clari, p. 49 ; Devast. C. P. p. 91.
[8] Chron. Novog., p. 94.
[9] Nicetas, p. 744.
[10] Épist. Balduini (d. Inn. III Epist., VII, 153) ; Chron. Novogorod., p. 95 ;
Bonincontro (d. Lami, Deliciæ Erudit. t. V, p. 278) ; Sabellicus, t. VIII, c. II, f. 65.
[11] « Morculfus domino suo perjurus, Græcis reddendi nobis palatii revelat
« arcana. » (Épist. Bald. l. c.)

temps que Cannabé, et Murzuphle se fait couronner [1], après avoir pris pour programme de son règne futur, une défense opiniâtre contre les Latins, et l'indépendance complète de l'église grecque. Boniface ne perd point cependant encore tout espoir : quoique les hostilités aient déjà commencé entre les croisés et les Grecs, il profite d'une défaite subie par Murzuphle [2], pour essayer d'entrer en négociations avec ce dernier, et sauver au moins la vie de son pupille [3] : une fois la personne d'Alexis mise en lieu sûr, le marquis eût pu encore compter sur l'avenir, et peut-être recommencer, à travers la Romanie, l'excursion victorieuse qui lui avait si bien réussi une première fois. Mais Murzuphle semble flairer le piège, et ne donne que des réponses évasives : la raideur et les exigences du doge [4] dans une nouvelle entrevue, achèvent de ruiner cette dernière espérance; les négociations sont rompues avec éclat, et, le lendemain, Alexis IV est empoisonné ou étranglé dans sa prison [5] (février 1204).

30.
Boniface et les Allemands à la deuxième prise de Constantinople.
Cette révolution prenait tout le monde au dépourvu, à l'exception peut-être des Vénitiens qui, par la dette énorme — provenant des arrérages du loyer de la flotte, et des sommes à verser encore pour les sept mois restant à courir de ce même loyer — tenaient une seconde fois les croisés à leur merci. Boniface, qui voyait lui échapper Thessalonique et ne pouvait plus guère, une fois Alexis mort, penser à mettre à exécution les projets de Philippe, ne devait songer qu'à assouvir sa colère contre Murzuphle qui venait de le jouer avec tant d'audace; les croisés auraient bien voulu reprendre le chemin de la Terre sainte, où les rappelait la voix impérieuse d'Innocent III [6]; le parti hostile au marquis, celui qui voulait *despecier l'ost*, relevait la tête : c'était lui qui avait, après la première prise de la ville, envoyé au sultan d'Égypte un défi

[1] *Chron. Novog., l. c.*
[2] Villeh., nos 227, 228; Clari, pp. 52, 55; *Devast. C. P.*, p. 91.
[3] « Franci autem Murzuphlum ita cohortati : « Trade nobis Isaacidem : « deinde in Germaniam ad imperatorém nostrum revertemur. » (*Chron. Novog.*, p. 96); cf. *Epist. Bald. l. c.*; *Cron. Altinate*, p. 192.
[4] Nicetas, p. 751. Cf. Hopf. *Op. cit.*, pp. 195-6, où tous ces faits, passés sous silence par Villehardouin, sont expliqués avec clarté.
[5] Villehard., nos 222-3; *Dev. C. P.*, p. 91.
[6] *Inn. III Épist.*, VI, 209 (23 janvier 1204); VII, 18 (25 février 1204).

ridicule [1] : plus tard, au moment de la conclusion du pacte qui prolongeait de six mois le séjour des croisés à Constantinople, c'était encore lui qui avait opposé aux volontés du marquis une résistance si vive [2], que celui-ci avait dû — tout en enlevant de haute lutte, comme à Corfou, la ratification du commun de l'armée [3] — consentir à faire approuver par le pape cette prorogation, en renouvelant la promesse de ne quitter Constantinople que pour aller en Égypte [4]. Maintenant, les partisans de la guerre immédiate contre les Infidèles avaient beau jeu : soutenus par une ambassade envoyée de Terre sainte [5], aigris par les allures despotiques de Boniface, ils avaient vu naturellement se rallier à eux tous ceux qui s'étaient rendu compte des illusions du malheureux Alexis, tous ceux aussi auxquels l'insuccès final de leur désobéissance au Saint-Siége avait ouvert les yeux : Villehardouin ne nous cache ni les réclamations, ni les plaintes de ces dissidents [6]. Malheureusement les croisés se trouvaient pris dans une impasse, ne pouvant, comme le dit si bien Günther [7], rester sous les murs de Byzance, où ils manquaient de vivres, ni s'exposer à partir au milieu de l'hiver, avec tous les vaisseaux grecs à leurs trousses. Qui dit aussi que, comme au Lido, les Vénitiens ne leur firent pas, du payement préalable des loyers arriérés, la condition, impossible à remplir, d'un départ immédiat? Toujours est-il qu'ils ne purent empêcher les chefs de l'expédition de s'engager dans l'aventure que l'on se décidait à tenter. Le marquis, agissant

---

[1] « Noveritis etiam quod accepimus torneamentum contra soldanum Baby-« lonim. » (*Epist. Hug. com. S. Pauli.* d. Taf. et Thom., t. I, p. 311.) Il y a peut-être dans ce défi, un peu invraisemblable, confusion intéressée entre le sultan d'Égypte et celui d'Iconium ; cf. Clari, pp. 43-44, et Ibn el-Athir (d. Taf. et Thom., t., III, p. 460).

[2] C'est probablement cette résistance qui a donné lieu à la légende d'une expédition des croisés contre les Infidèles, légende que la *Chronique de Morée* (p. 16) et la *Geneal. comit. Flandriæ* (dans Taf. et Thomas, t. I, p. 297) placent entre les deux siéges.

[3] Villeh., n° 198.

[4] *Epist. March. Montisf.* (d. *Inn. III Epist.*, VI, 211).

[5] Günther, n° 10.

[6] Villeh., *l. c.*

[7] « Erant enim in tanto extremæ adversitatis articulo, ut nec circa civitatem ipsam satis essent securi, propter inestimabilem hostilemque Græcæ plebis multitudinem, nec ab ea, absque multo labore ac periculo, discedere possent, propter innumeras illorum naves, quibus, si fugerent, eos persequi et expugnare satis hostiliter cogitabant. » (Günther, n° 10); cf. le n° 14 tout entier.

au nom des croisés, dont il était encore le chef reconnu sans
conteste[1], conclut alors avec le doge ce curieux pacte anticipé
de partage de l'empire grec, qui rappelle l'apologue de la peau
de l'ours, et dont tous les articles respirent une si naïve rapacité. Tout, jusqu'aux détails de l'élection d'un empereur latin,
y était minutieusement réglé : le doge obtenait encore un
nouvel atermoiement de la croisade (de la fin de septembre
1204 à la fin de mars 1205), et stipulait pour la République,
outre le remboursement de toutes les sommes promises par
Alexis, ou dues par les croisés, la part énorme de trois huitiè-
mes dans les conquêtes futures[2]; Boniface, qui s'attendait à
échanger sans obstacle son titre de *sires de l'ost* contre
celui d'Auguste, avait fait réserver pour le futur souverain,
avec les palais impériaux, le quart de l'empire entier.

Le pacte signé, on se prépara à l'attaque de la ville : après
un assaut infructueux, le parti hostile au marquis essaya bien
de prendre sa revanche de la défaite que venait de lui faire
subir la conclusion de la nouvelle convention ; mais on se
servit alors de l'expédient qui avait si bien réussi, d'abord à
Corfou et, ensuite, la veille du premier siége de Constantinople[3] : on fit prêcher le commun de l'armée par les évêques
et les abbés. Seulement, cette fois, abandonnant l'argument,
désormais hors de propos, d'un héritier légitime à faire rentrer
dans ses droits, les prélats appuyèrent sur le crime récent de
Murzuphle et sur l'obstination des Grecs dans le schisme, ne
craignant pas d'ailleurs de se servir encore du nom d'Innocent III, pour émettre des doctrines en contradiction formelle
avec les ordres écrits du Saint-Siége[4].

Le caractère byzantin dont l'habileté venait d'amener la
ruine des premiers projets du marquis, allait, au contraire, servir ces nouveaux desseins : aussi faibles dans le combat qu'ils
étaient redoutables en politique, les Grecs ne se défendent point,
ou se défendent mal. Au bout de quelques jours la ville impériale est prise d'assaut (12 avril); Boniface fait son entrée dans

[1] Voir l'intitulé de la lettre] (citée plus haut, p. 47, note 1), dans Martène, *Thes. Anecd.*, t. I, col. 786.
[2] Ce pacte se trouve dans Taf. et Thom., t. I, pp. 444, 452 ; il fut conclu entre le 21 et le 31 mars ; cf. Villeh., n° 235 ; Clari, p. 55.
[3] Villeh. n° 154 ; Clari, p. 35.
[4] Villeh., n°s 224-25, 239 ; Baud. d'Av., p. 353 ; Clari, p. 57.

la cité terrifiée, et s'empare, sans coup férir, du château de
Bucoléon, puis de Sainte-Sophie et de ses dépendances [1]; la
population grecque, qui ne connaît rien à l'organisation intérieure de l'armée latine, et qui voit, dans le marquis, le chef
des conquérants, et le tuteur puissant du dernier empereur, se
jette à ses pieds [2], et l'acclame des titres réservés aux souve-
rains [3]; tout paraît sourire à la nouvelle fortune de Boniface,
comme si l'armée entière n'eût travaillé que pour lui. Mais,
enivré de son triomphe, ou peut-être absorbé par les soins de
la vengeance que réclament les récents affronts qu'il a eu à
subir, il n'use d'abord de sa victoire que pour la souiller par ces
horreurs qui font du sac de Constantinople une des pages les
plus lamentables de l'histoire des croisades, et qu'Innocent III
lui reprocha ensuite avec une indignation si éloquente [4].

Déjà, de son quartier et probablement par ses ordres [5], était
parti ce troisième et épouvantable incendie, allumé par la main
barbare du comte de Catzenelnbogen [6], et dans lequel périrent
tant de trésors de l'art classique; mais c'est surtout dans le pillage de Sainte-Sophie, qu'il tenait en sa garde, que se distingua
la fureur vengeresse de Boniface et des Allemands qui l'entou-
raient, comme si, en s'attaquant au chef-d'œuvre de Justinien,
le temple le plus auguste du schisme, ils eussent cherché à
frapper au cœur la nation et la religion grecques tout ensemble [7]. A l'exception de quelques faits accessoires, les réclama-

[1] « Si fist li marchis prendre le palais de Bouke-de-Lion, et le moustier
« Sainte-Sophie et les maisons le patriarke. »(Clari, p. 64); cf. Villeh., n° 247 ;
Baud. d'Av., p. 356.

[2] « Græci omnes ceciderunt ante pedes marchionis, et se et sua omnia in
« manus eius reddiderunt. » (Dev. C. P., p. 92.)

[3] « Mulieres vero, et parvuli ac decrepiti senes, qui fugere non valentes,
« in urbe remanserant, in occursu nostrorum digitum digito in formam crucis
« implicantes, satis flebiliter, Aïos Phasileos Marchio! decantabant, quod
« latine, sanctus rex marchio, interpretatur ; quod ideo faciebant quia mar-
« chionem, quem maxime Græci noverant, et idcirco inter nostros maximum
« reputabant, captæ urbis regem haud dubie cogitabant. » (Günther, n° 18.)
— « Bonifacium regem creaverunt. »(Otto de S. Bl., d. Muratori, t. V, col. 906.)

[4] Inn. III Epist., VIII, 133.

[5] « Devers la herberge Boniface, ne sais quex gens mistrent le feu entr'aus
« et les Grex. » (Villeh., n° 247.)

[6] « Quidam comes Teutonicus jussit urbem in quadam parte succendi. »
(Günther, n° 17). Sur cet incendie, voir Nicétas, p. 754; Villehard., n°s 247-
248; Ibn el-Athir (d. Tafel et Thomas, t. III, col. 461.)

[7] Voir Othon de Saint-Blaise (d. Muratori, t. VI, col. 906).

tions portées par les Grecs aux pieds du Saint-Siége [1], et les
lamentations des chroniqueurs byzantins [2], se concentrent sur
la profanation horrible dont Sainte-Sophie fut l'objet, et qui
retentit, longtemps encore après, dans tout l'Orient [3], et jusqu'au fond de la Russie [4]. Si les Allemands n'ont pu réussir à
mener à bonne fin les projets de Philippe de Souabe, du moins,
aidés par les colons de leur nation qu'ils ramenaient dans la
ville [5], ils se hâtent de recueillir par le pillage le dédommage-
ment personnel de leurs peines [6]. S'inquiétant peu de l'article
du pacte anticipé, qui impose le rapport à une masse commune
de tout le butin trouvé dans la ville [7], ils s'approprient, sans
vergogne, des trésors si considérables, qu'aujourd'hui encore
ce qui reste des dépouilles rapportées de Sainte-Sophie dans
les villes du Rhin par un petit chevalier des environs de
Trèves, excite à bon droit l'étonnement des antiquaires [8].

Les clercs allemands eux-mêmes se livrent ouvertement à ce
que Günther, par un singulier euphémisme, appelle un *saint
brigandage* [9] : ils satisfont avec ardeur cette passion pour les
reliques et les ornements d'église byzantins, que leurs devan-
ciers, en passage à Constantinople, avaient montrée de tout
temps [10]. L'abbé de Pairis rapportera en Alsace une charge
entière de ces trésors pieux [11] : l'évêque de Halberstadt lui-
même profitera du séjour du marquis au palais de Bucoléon,
pour s'emparer des reliques vénérées de la chapelle impé-

---

[1] *Epist. Græcorum ad Inn. III* (dans Coteleriuꜱ, *Mon. Eccl. Græcæ*, t. III,
pp. 610, 613). Cf. Allatius, *De Consensione*, pp. 695-6.
[2] Nicetas, pp. 757-8 ; *Alosis*, v. 292 et s.
[3] Ibn el-Athir, *l. c.*
[4] *Chron. Novogorod.*, p. 97.
[5] Günther, n° 18.
[6] Comme le déplore avec raison Hopf (*Op. cit.*, p. 199) : « Schade, dass so
« viel von jenen (Denkmäler C. P.) *dem teutschen Vandalismus* zum Opfer
« fiel , während der Klerus namentlich Hand an die letztern (Reliquien)
« legte ! »
[7] *Pactum partitionis* (dans Tafel et Thomas, *l. c.*) ; cf. Clari, p. 55.
[8] Henri d'Ulmen ; sur ce personnage et les trésors qu'il a rapportés de
Sainte-Sophie, voir Aus'm Weerth, *Das Siegeskreuz d. Byzant. Kaiser* (Bonn,
1866, in f.), pp. 5 et s.
[9] Günther, n° 19.
[10] V. *Chron. Erfurt.* ad ann. 1170. — *Voy. de deux Bénédictins*, t. III,
pp. 153, 156. — *AA. SS.* Jun. III, 462. — *Ann. Stadenses*, Ann. Colon. (d. Pertz,
t. XVI, p. 353; t. XVII, p. 853).
[11] Günther, n°° 24, 26 ; Otto Sanbl., *l. c.*

riale [1], et si, plus tard, il est obligé de restituer ses larcins, du moins il ne retournera en Europe que muni d'un nombre assez grand d'autres objets précieux pour enrichir, et sa cathédrale, et les sanctuaires environnants [2].

Il faut dire bien vite que Boniface, une fois ses premières colères assouvies, n'était pas homme à s'attarder à ces vulgaires vengeances, dont il avait abandonné d'ailleurs l'exécution à son entourage. En effet, une chance lui restait encore : l'élection prévue par le pacte anticipé de partage ; tout, par là, pouvait se trouver remis en question, et, une fois le marquis élu, rien n'était perdu pour les projets de Philippe. Boniface, devenant, sinon le vassal, du moins l'allié nécessaire de l'empire germanique, recueillait lui-même, de ses services, une récompense autrement glorieuse et lucrative que l'héritage de Reynier.

Le pacte avait prévu douze électeurs, six vénitiens et six latins, sans spécifier de quelle façon seraient choisis ces derniers : les hauts barons de la croisade, jusque-là unis à leur chef suprême, se divisèrent naturellement sur une question qui comportait des rivalités de personnes. Chacun, comme dit Clari [3], voulut y mettre les siens : Boniface échoua, et ne put pas même obtenir les deux chevaliers lombards qu'il demandait [4] : il lui fallut consentir à la remise aux cinq évêques de l'armée et à l'abbé de Locedio, des pouvoirs des Latins.

Une fois les électeurs nommés, on procéda à l'élection elle-même. Hurter [5] prétend, sans citer aucune source, qu'il fut question alors de faire triompher, d'un seul coup, le plan de Philippe de Souabe, en l'élisant empereur d'Orient ; rien malheureusement ne vient appuyer cette conjecture : la partie paraît

31.
Échec de la candidature de Boniface à l'empire.

[1] « In magni palatii sacrarium irruentes, prædonum more, multa ibi inve-
« nerunt .. : qui autem invenerunt, fuerunt Albertanensis episcopus et
« Bethleemi hypopsephius, qui ea abscondere voluerunt, sed, etc... » (Nicol.
Hydruntinus, *Tractatus de communione* (d. Allatius, *De libris eccles. Græcorum*,
à la suite de Fabricius *Bibl. Græca*, éd. de 1712, t. V, p. 151). Sauf le reliquaire
du pain de la Cène, dont s'occupe ici spécialement Nicolas d'Otrante, tous les
autres furent rendus à l'empereur.
[2] *Chron. Halberstadense*, éd. Schatz, pp. 76, 77. Lorsque, l'année suivante, il se rendit à Rome pour solliciter du pape l'absolution des censures
qu'il avait surabondamment encourues, il eut soin de laisser derrière lui à
Venise tout le bagage (*supellex*) compromettant, formé de ses rapines (*Chron.
Halberst.*, p. 75.)
[3] « Si i vaut metre cascuns les siens. » (Clari, p. 73.)
[4] And. Dand. (d. Murat., t. XII, col. 330.)
[5] Hurter, t. I, p. 765.

s'être disputée, dès l'origine, entre Boniface et Baudouin de Flandre [1]. Appuyé sur les vœux des Grecs qui venaient de sentir en
lui un maître, Boniface était à la veille de se créer des droits
nouveaux par l'union qu'il allait contracter avec la mère même
de son pupille défunt [2], et de pouvoir reprendre au besoin, et
avec plus d'autorité, auprès des jeunes fils d'Isaac, la tutelle qu'il
venait d'exercer sur Alexis IV : il avait donc posé audacieuse-
ment, et sans paraître supposer de contradiction possible, sa
propre candidature, qu'il savait d'avance ne pouvoir être, en
cas de succès, vue de mauvais œil par Philippe de Souabe. Mais
il comptait sans le doge, qui trouvait en lui un homme trop
habile, un voisin trop rapproché à la fois, et de Venise, et surtout de Gênes, avec laquelle les relations des Montferrat
n'étaient point un mystère, et dont Boniface se fût certainement
servi pour contrebalancer en Orient le pouvoir envahisseur des
Vénitiens. Dandolo n'avait aucun ménagement à garder à l'endroit du marquis : il était sûr, de plus, de faire, à lui seul, l'élection, grâce aux six voix vénitiennes, et surtout à l'autorité que
venait de lui donner, aux yeux des autres électeurs, la renonciation, plus contrainte que volontaire [3], qu'il avait faite lui-
même à toute candidature : il ne dissimula donc nullement ses
préférences [4]. Boniface avait trouvé son maître, et la résistance

---

[1] « Mais la granz discorde qui i fu, si fu del conte Baudouin de Flandre
« et de Hennaut, et del marchis Boniface de Monferat, et de ces deus disoient
« tote la genz que li uns le seroit » (Villeh., n° 256). Il est probable que ce fut,
une fois le but immédiat du pacte de Zara atteint par la restauration d'Alexis,
que Baudouin, séparant ses intérêts de ceux de Boniface, devint le chef du
parti qui voulait la continuation de la croisade : cette hypothèse peut s'appuyer
sur ce fait que la lettre circulaire des croisés aux fidèles d'Occident (*Inn. III
Epist.*, VI, 211), dans l'exemplaire publié par Martène (*Thes. Anecd.* t. I, col. 785),
est libellée au nom du marquis de Montferrat, chef des croisés, et adressée « *ad
« universos Christi fideles,* » tandis que cette même lettre, un peu modifiée,
figure dans Arnold (l. VI, c. XIX, p. 423) comme adressée par Baudouin et les
deux comtes de Blois et de Saint-Paul (sans aucune mention de Boniface), à
l'adversaire même de Philippe de Souabe : « *Ottoni, Dei gratia, Romanorum
« regi et semper augusto.* »
[2] Le mariage entre Boniface et la veuve d'Isaac II est placé par Villehardouin (n° 262), entre l'élection (9 mai) et le couronnement (16 mai) : il eut lieu
probablement plus tôt.
[3] And. Dand., p. 330.
[4] « Nominaverunt de consilio ducis Venetiæ Balduinum. » (Nicétas, p. 437.
Cf. Hopf., *Op. cit.*, p. 199. Cette opposition de Dandolo à Boniface paraît
contredire l'assertion (citée plus haut, p. 53, note 5) de Sanudo le jeune,
faisant du doge le beau-père du marquis ; mais il est certain qu'au moment de
l'élection, Boniface était veuf, ou même déjà remarié : peut-être faut-il alors sup-

désespérée du marquis n'amena, après quatorze jours de
pourparlers, que. le maigre résultat de faire ajouter au
pacte de partage un article additionnel ; or cet article, rédigé
en apparence dans l'intention de fermer la bouche à Boniface, n'était en réalité qu'une concession dérisoire : il stipulait, en effet, que celui des deux candidats qui n'aurait
point obtenu la majorité, devrait recevoir, — à prendre à la
fois, sur les trois parts primitivement arrêtées [1] — le Pélo-
ponèse et les thèmes d'Asie, refuge de toutes les forces
des Grecs, et boulevard de leur résistance aux Latins : Boniface était loin de l'héritage de Reynier, et de la Crète promise par Alexis, au temps de Corfou.

Enfin vint le jour de l'élection (9 mai) : les six Vénitiens,
obéissant naturellement à un mot d'ordre, votèrent tous pour
Baudouin : Jean Faicete, chancelier de Hainaut, et l'élu de
Bethléem, délégué du pape, ne pouvaient être favorables au
marquis : le vieil évêque de Troyes devait partager les sentiments que ce dernier inspirait aux Champenois. Boniface
n'avait donc pour lui que Conrad de Krosigk, l'abbé de
Locedio, et, peut-être, Nivelon de Quierzy, dont la nomination
postérieure à l'archevêché de Thessalonique [2], et les plaintes
contre Baudouin [3], portent à préjuger ici l'opinion. A trois voix
contre neuf, Boniface fut écarté [4] : il se soumit en apparence,
et, quinze jours après, lui qui, tout à l'heure, était chef
suprême des croisés, portait humblement la couronne impériale au sacre de son rival victorieux [5].

Mais le ressentiment du marquis, pour avoir su se dissimuler
en public, avait dû n'en être que plus vif en secret : autour de
lui s'agitaient d'ailleurs des partisans nombreux et remuants,
qui ne ménageaient point l'expression du mécontentement que

poser que le ressentiment du doge contre le marquis provenait en partie de la
pensée de voir son gendre, effacer par une nouvelle union, le souvenir de
l'ancienne.
[1] Villeh., n°ˢ 256-258 ; Clari, pp. 72, 73 ; Günther, n° 20 ; cf. Tafel et Thomas,
t. I, p. 460-468.
[2] *Inn. III Epist.*, IX, 200.
[3] Dans une lettre au chapitre de Soissons (juin 1205). (*Bibl. nat.*, coll.
Moreau, t. CIV, f. 205.)
[4] Clari dit que l'élection eut lieu à l'unanimité des voix, ce qui peut s'expliquer en supposant qu'au dernier moment la minorité, se voyant trop faible,
finit par abandonner la lutte.
[5] « Et li marchis li porta se coroune » (Clari, p. 75).

venait de leur causer l'élection de Baudouin [1] : les choses en
vinrent donc promptement à s'aigrir entre le nouvel empereur
et Boniface. Celui-ci n'ayant plus qu'une idée, celle de ressaisir l'héritage de Reynier, tout voisin dès États du roi de
Hongrie, son nouveau beau-frère, et considérant comme illu-
soire la possession de la part qu'on lui avait donnée à conquérir,
demanda à l'empereur l'échange de cette part contre le
royaume de Thessalonique. Baudouin ne fait qu'une réponse
évasive [2], et se hâte, par contre, de partir, pour exiger de Thessalonique même la reconnaissance de ses droits de suzerain [3]. C'en
était trop pour Boniface, qui ne recule plus devant une rébellion
immédiate : entouré de Grecs de haut rang que son mariage
lui a ralliés [4], il parcourt la Romanie, renouvelant, à un an de
distance, avec les frères du malheureux Alexis, la promenade
triomphale qu'il avait faite avec ce dernier [5] ; puis, s'avisant
tout à coup d'un expédient propre à mettre Baudouin dans
l'embarras, il se rapproche des Vénitiens, et leur vend [6], avec
ses propres droits sur la Crète et les subsides d'Alexis IV, ceux
de Reynier sur Thessalonique, moyennant 1,000 marcs d'argent,
une fois payés, et 10,000 hyperpères d'or de revenu en terres,
à prendre sur la part de Venise, à l'occident de l'empire et
dans le voisinage de la Hongrie. Comme les Vénitiens, en
vertu du pacte de partage, ne sont soumis à aucun vasselage
envers Baudouin, pour les fiefs qu'ils peuvent tenir ou acqué-
rir en Romanie, Boniface se trouve, par ce contrat habile,
échanger des possessions libres de tout serment à prêter à
l'empereur, contre d'autres que, par le fait même de la cession
à Venise, il enlève à la suzeraineté de ce dernier : il prend
ainsi de son échec une revanche amère pour Baudouin, qu'il
place de plus dans la situation fausse d'entrer en lutte avec
Venise, ou de se déjuger en abandonnant le royaume de
Thessalonique. Cette manœuvre habile eut un plein succès ;
et, grâce aux bons offices de Villehardouin, qui avait su garder

[1] Clari, p. 74; Baud. d'Av., p. 357; *Chron. de Morée*, p. 20.
[2] Clari, p. 77.
[3] Villeh., nᵒˢ 275, 277; Clari, pp. 77, 78.
[4] Villeh., nᵒ 301; Clari, *l. c.*
[5] Clari, p. 78; Nicétas, p. 793.
[6] *Refutatio Oretu* (12 août 1204. d. Taf. et Thom., t. I, pp. 512-514); voir le
commentaire très-important (*Ibid.*, pp. 460-463), où cette question est traitée à
fond.

un pied dans les deux camps, les difficultés de forme furent promptement aplanies [1]; l'empereur céda, et le marquis, arrivé enfin au but de ses désirs, prêta le serment de fidélité. Quelques jours après, l'empire tout entier était l'objet d'un partage et d'une inféodation régulière entre les barons de l'armée [2]; la flotte, devenue inutile, se dispersait : l'expédition était terminée. Boniface n'avait pu, il est vrai, mener à bien, des projets de Philippe de Souabe, que la partie qui l'intéressait personnellement; mais le plan d'Innocent III, constamment contrecarré, avait en définitive échoué misérablement : il n'était plus question de la croisade que dans quelques phrases banales [3], adressées incidemment au pape en guise de consolation [4] : l'armée, réunie avec tant de peine à Venise, loin d'être de quelque utilité contre les Infidèles, venait, au contraire, d'attirer à Constantinople, par la contagion de l'exemple, un grand nombre des plus vaillants défenseurs de la Terre sainte [5]. La quatrième croisade s'était ainsi, grâce à Boniface, retournée contre elle-même.

Quant à lui, paraissant ne point avoir conscience de tout le mal qu'il vient de faire, devenu indifférent à la politique de Philippe de Souabe, et tout prêt à se poser désormais en serviteur fidèle du Saint-Siége [5], il ne songe qu'à établir solidement son nouveau royaume, et à récompenser ses complices. Déjà la plupart des signataires du pacte de Zara avaient été revêtus des charges du nouvel empire : Villehardouin en était le maréchal; Milon le Brébant, le bouteiller; Manassès de Lisle, le grand queux; Conon de Béthune, le protovestiaire; Macaire de Sainte-Menehould, le panetier; et Jean Faicete, le

---

[1] « Por ce qu'il ere bien del marchis. » (Villehard., n°s 283-285); cf. n°s 296, 309; Clari, p. 79.

[2] En septembre 1204; v. Villeh., n° 301; Clari, pp. 81, 83.

[3] *Epist. Bald.* (d. *Inn. III Epist.*, VII, 152.) « Ad subventionem T. S. gloriose coronatum. »; cf. *Epist.* VIII, 133.

[4] La nouvelle de la prise de Constantinople avait été portée en Terre sainte par l'ambassade chargée d'en ramener l'impératrice Marie de Flandre et les deux légats Cajetani et Capuano : cette ambassade revint (octobre 1204) avec beaucoup de seigneurs de Palestine. Etienne du Perche et Renaud de Montmirail l'avaient précédée en septembre : en novembre, les deux légats ramenèrent avec eux un nombre encore plus grand de chevaliers. « Et tanta eos « secuta est multitudo, non solum laicorum sed etiam clericorum, quod alie « nigenæ pene omnes, et indigenæ multi, Hierosolymitanam provinciam « deserentes, C. P. adierunt. » (*Gesta*, n° 95.)

Inn. III Epist., VIII, 133.

chancelier[1]; tandis que Renier de Tritt devenait duc de Philip-
popolis[2], et que Pierre de Bracieux recevait un grand fief en
Asie[3]. Mais le nouveau roi de Thessalonique voulut, de plus,
donner des gages particuliers de sa reconnaissance à ceux qui
avaient le plus intelligemment servi ses secrètes menées.
Villehardouin, qui avait été un des plus fidèles soutiens, et qui
devait être, devant l'histoire, l'avocat de la politique de Boniface, reçut, dans le nouveau royaume, des fiefs importants[4],
et vit son neveu fonder, en Morée, une dynastie princière.
Nivelon de Quierzy, le défenseur à Rome du pacte de Zara,
fut nommé à l'archevêché de Thessalonique[5] : un évêché fut
offert à l'abbé de Pairis[6], qui préféra, du reste, rapporter
discrètement en Alsace le fruit de ses rapines ; enfin, de grands
biens furent assignés à l'abbé de Locedio[7]. Quant aux Allemands, dont la fidélité envers le marquis ne s'était point
démentie pendant toute la durée de la croisade, ils restent
encore le plus ferme appui de Boniface[8], et plus tard, de son
fils, menacé par les rébellions des Lombards[9] : à leur tête
figure longtemps l'incendiaire de 1204, le comte Berthold de
Catzenelnbogen[10], devenu même plus tard baile du royaume[11],
et Ulric de Thonne, transformé en baron de Kitros[12]; tandis qu'à
côté d'eux, appelés de Terre sainte par Boniface, les chevaliers

---

[1] *Charte*, d. Taf. et Thom., t. I, p. 574.
[2] Villeh., n° 311.
[3] Clari, p. 83. Quant aux autres, Louis de Blois et Jean de Friaise dispa-
rurent à la bataille d'Andrinople ; Hugues de Saint-Paul et Matthieu de Montmorency étaient déjà morts de maladie ; Anseau de Caïeu devint, plus tard,
baile de l'empire. (*Layettes du T. des Ch.*, n° 2744.)
[4] La cité de Messinople, ou celle de la Serre à son choix (Villeh., n° 496.) Il
figure encore le 11 décembre 1212, comme l'un des grands du royaume (*Inn. III
Epist.*, XVI, 115) : cf. Hurter, t. I, p. 567.
[5] *Inn. III Epist.*, IX, 200.
[6] « Martium secum deducere et episcopum creare proponeret. » (Günther,
n° 20.)
[7] *Inn. III Epist.*, XV, 70.
[8] « Li cuens Bertous de Casseleine en Tosce et la graindre partie de
« tox ceis de l'empire d'Alemaigne, qui se tenoient al marchis. » (Villeh.,
n° 279.)
[9] Villeh., n°s 600, 626.
[10] Villeh., *l. c.* et n°s 634, 639 ; *Inn. III Epist.*, XIV, 84 ; XV, 91 ; Manrique,
Ann. Cist., ad. ann. 1205.
[11] Intitulé d'une lettre inédite d'Honorius III (22 avril 1217), citée dans Pres-
suti, *I regesti d. rom. Pontifici* (Roma, 1874, in-8), p. 112.
[12] Villeh., n°s 600, 644, 669 ; Hopf, p. 210.

Teutoniques [1] jettent les fondements de cette riche province de Romanie, qui entretint si longtemps, en Orient, le prestige du nom allemand, et dont les traces subsistaient encore à la fin du xvᵉ siècle.

Revenons maintenant en Occident, et examinons quelle put être l'attitude respective de Philippe de Souabe et d'Innocent III, en face des événements qui venaient, en 1204, de faire passer les projets du premier contre Constantinople, d'un triomphe éphémère à une ruine irréparable, partagée du reste, aussitôt après, par ceux du second, à l'endroit de la croisade.

32.
Issue définitive
de la rivalité
d'Innocent III et
de Philippe de
Souabe.

Nous avons laissé Innocent III au moment où Nivelon de Quierzy prenait congé de lui, — vers la fin d'avril 1203, — emportant au camp des Latins la défense expresse de toucher aux Grecs, sous peine de voir annuler *ipso facto* l'absolution conditionnelle accordée pour l'affaire de Zara [2]. A partir de ce moment, la distance (énorme pour l'époque) mise par les croisés entre eux et le Saint-Siége, rend matériellement impossible toute action efficace du pape sur l'armée latine. Innocent III n'est d'ailleurs représenté auprès des croisés que par un délégué sans pouvoirs politiques, et duquel il n'a pu exiger aucune correspondance suivie, puisque, dans le ferme espoir que l'armée aurait obéi à ses ordres, il a envoyé directement en Syrie Pierre Capuano, le légat officiellement accrédité auprès d'elle ; il reste donc sans nouvelles de l'expédition. Au mois de juin 1203, il ignore si bien le départ de Corfou, qu'il écrit encore au chef de l'armée une lettre confirmative de celle qu'il a confiée deux mois plus tôt à Nivelon [3]. Le 10 août, quelques rumeurs, auxquelles il se refuse encore à ajouter foi [4], lui font craindre qu'en réalité la flotte n'ait pris le chemin de la Romanie : il attache cependant assez peu d'importance à ces bruits lointains pour ne point craindre de rompre définitivement, au mois de septembre — après les heureuses nouvelles qu'il

---

[1] Hopf, *Die deutsche Orden in Griechenland* (dans les *Veneto-Byzant. Analekien* du même (Wien, 1859, in-8), pp. 1 et s ; Du Cange, *Lignages d'Outremer*, éd. Rey, p. 911.

[2] *Inn. III Epist.*, VI, 101.

[3] *Inn. III Epist.*, VI, 102, rangée arbitrairement par Potthast au 20 juin.

[4] « Exercitus crucesignatorum in Græciam dicitur divertisse. » (*Id.* VII, 130.)

venait de recevoir de Thuringe et du royaume de Naples [1],
— les négociations obscures, si laborieusement poursuivies
par Otto de Salem, au sujet des *Promissa*, envoyées officiellement de Ravensburg à Rome, au mois de mar [2], et dont un
article spécial paraissait, comme nous l'avons vu plus haut,
regarder comme à moitié faite la conquête de l'empire d'Orient
au profit de Philippe [3]. Il passe ensuite toute la fin de l'année 1203 dans une incertitude presque complète sur le sort
de la croisade, et pourtant Byzance était prise et Alexis restauré
depuis plus de six mois.

C'est pour la première fois, grâce à Pierre Capuano, qui lui
a mandé, en passant et au milieu de plusieurs autres questions, quelques mots sur l'affaire de Constantinople, qu'en
janvier 1204, il paraît commencer à soupçonner la vérité [4],
et, seulement à la fin du même mois, qu'il la connaît tout
entière : les lettres écrites le 25 août par le jeune empereur
et les barons [5] — lettres où, probablement sous la pression
du parti hostile à la prolongation de six mois de séjour
demandée par Alexis IV, ils informaient le pape de la première prise de Constantinople, — avaient mis ce temps considérable pour parvenir jusqu'à Rome. Innocent III, malgré
la surprise que lui cause cet événement, ne modifie en rien ses
premières décisions ; la nouvelle de l'union, tant désirée, des
deux églises, le laisse presque froid [6] : « il ne veut point croire
à la sincérité du nouveau souverain, et reproche, en termes
amers, aux croisés, leur désobéissance ; ils sont tombés dans
la récidive, et leur attaque contre l'empire grec est venue
aggraver encore la situation que leur avait faite l'affaire de
Zara [7]. Le pardon ne peut être accordé que sous la condition

---

[1] Voir Winkelmann, p. 296.
[2] *Id.*, pp. 296, 528.
[3] Voir plus haut, p. 40, not. 2.
[4] *Inn III Epist.*, VI, 209 (23 janvier 1204).
[5] *Id., ibid.*, VI, 210, 211.
[6] *Id. ibid.*, VI, 229 (7 février 1204).
[7] « Imo primæ transgressioni quam apud Iaderam incurritis, vide-
bimini addidisse secundam. » (*Id., ibid.*, VI, 230.) — « Veremur eos denuo
« excommunicationis sententiam incurrisse, multisque videtur, quod a
« reatu perjurii nullatenus sint immunes, quod contra id venire præsump-
« serint, quod eis *prohibitum fuerat sub debito juramenti.* » (*Id., ibid.*, VI,
222.)

que l'union ne sera point une feinte [1], et qu'ils partiront pour la Terre sainte [2], ainsi, du reste, qu'ils le promettent dans leurs lettres [3]; mais le pape exige que ce départ soit immédiat, et ne veut, en aucune façon, consentir à la prolongation de séjour demandée par les croisés. » Pour les Vénitiens, qui n'ont même pas encore daigné solliciter l'indulgence du pontife pour le crime de Zara [4], le langage d'Innocent III est encore plus sévère, et reflète l'indignation la moins dissimulée [5]. Pourtant il n'a évidemment point perdu tout espoir, et compte précisément sur la fermeté dont il use à l'endroit des croisés, pour les déterminer à reprendre le chemin de l'Égypte.

Malheureusement, pendant que les nouvelles lettres pontificales s'acheminaient lentement vers Constantinople, les événements se précipitaient, et la ville impériale tombait une seconde fois, et définitivement, aux mains de l'armée latine. Rendus plus sûrs d'eux-mêmes par le succès qui venait de couronner leur désobéissance, les croisés ne prennent cette fois aucune précaution pour en informer le pontife : ils soumettent, sans ménagement, à l'approbation d'Innocent [6], la convention du partage de l'empire, convention directement opposée, en un de ses articles [7], aux canons de l'Église. Baudouin notifie au pape son avénement, dans une lettre pompeuse qu'a rédigée Jean Faicete [8], et ce sont deux Vénitiens, Leonardo Navigiero et Andrea de Molino, qui apportent à Rome, avec ces témoignages de l'orgueil qu'inspire aux croisés leur triomphe, une lettre presque hautaine [9] du doge, relatant à sa façon les événements écoulés depuis le départ de Venise,

---

[1] « Nisi forsan ad extenuandam culpam et pœnam... quod de Græcorum « inchoastis ecclesia, studueritis consummare. » (*Id.*, *ibid.*, VI, 230.)

[2] « Ad recuperationem igitur Terræ sanctæ totis viribus insistatis. » (*Id.*, *ibid.*)

[3] *Inn. III Epist.*, VI, 211.

[4] « Quia vero dux Venetiarum nondum absolutionis gratiam postulavit. » (*Inn. III Epist.*, VII, 127, *Emerico reg. Hung.*) (9 septembre 1204). — Après le premier siége, Dandolo avait bien écrit à Innocent III (*Epist. VII*, 18), mais sans faire allusion à l'interdit qui frappait les Vénitiens.

[5] *Id.*, *ibid.* VII, 18 (25 février 1204.)

[6] D'après l'article 20 de ce pacte (Taf. et Thom., t. I, p. 448), les demandes de confirmation sont les *Epist.*, VII, 201 et 202.

[7] L'article relatif au monopole vénitien dans l'élection du clergé patriarcal. (Taf. et Thom., t. I, p. 447.); cf. *Epist.*, VII, 203, 204, 208.

[8] *Epist. Bald.* (d. *Inn. III Epist.*, VII, 152.)

[9] *Epist. H. Danduli* (dans *Inn. III Epist.*, VII, 202.)

sans paraître avoir conscience de la situation particulière où il
se trouve à l'égard du Saint-Siége : Dandolo annonce seulement
au pape qu'il s'est pourvu auprès de Pierre Capuano sur le
fait de Zara, et que ce dernier a levé les censures dont les Vénitiens avaient pu être frappés [1].

Le coup était rude pour Innocent III : non-seulement il
n'était plus question de la croisade, mais encore l'autorité
pontificale se trouvait bravée avec assez d'éclat pour que l'on
pût avoir à craindre la contagion d'un exemple aussi dangereux.
Dans cette circonstance difficile, le pape montra autant de
fermeté que de prudence : sans se déjuger et sans rien abandonner ni de ses droits, ni de ses desseins, il sut faire la part
des circonstances, et aussi distinguer, dans la nouvelle et plus
grave infraction faite à ses défenses, les vrais coupables de leurs
complices inconscients : il accepta comme valable (ce qu'elle
pouvait être en effet au moment de la chute d'Alexis) la double excuse prévue par lui-même, et présentée une seconde fois
par l'armée, de la *difficulté du ravitaillement* et de *l'agression
des Grecs* [2], sans même faire sentir aux croisés avec trop de
sévérité qu'ils s'étaient eux-mêmes et volontairement placés
dans le cas de se servir de ces prétextes.

Puis, acceptant le fait accompli comme un décret de la
Providence, irritée des crimes et de l'impénitence de Constantinople [3], il emprunte habilement aux croisés l'un des arguments à
l'aide desquels, en 1203, on avait cherché à le convertir lui-même
aux projets de Boniface, et s'en sert pour ramener l'armée
latine vers le but qu'il aurait voulu ne jamais le voir perdre
de vue. S'ils ont tant cherché naguère à faire croire au pape
que Constantinople, bien mieux qu'Alexandrie, était la première
et la plus sûre étape de la route de Jérusalem, qu'ils le montrent maintenant [4]! Innocent sera le premier à exciter l'Occident

[1] *Ibid., l. c.; Gesta,* n° 90.
[2] Voir *Inn. III Epist.,* VII, 203, VIII, 133, et XI, 47; cf. Othon de Saint-
Blaise (d. Muratori, t. VI, col. 906).
[3] *Inn. III Epist.* VII, 153 et 154 (7 novembre 1204), et *Gesta,* n° 94.
[4] C'est là que vient se placer naturellement l'*Epist. VIII,* 63 (publ. par
M. Léopold Delisle (*Bibl. de l'Ec. des Ch.,* t. XXXIV, p. 408), dont il a été
question plus haut, p. 14. Les paroles d'Innocent III : « Si prævenisset Dominus
« vota supplicum, et ante Terræ Orientalis excidium, Constantinopolitanum
« imperium a Græcis, sicut hodie, transtulisset, desolationem Hierosolymitanæ
« provinciæ hodie forsitan christianitas non defleret, » s'expliquent tout naturellement, et avec une portée bien moins grande que celle que leur donne

tout entier à entrer dans leurs vues [1], et à les suivre jusqu'au
bout dans l'exécution du plan qu'ils viennent d'inaugurer avec
tant d'éclat : mais qu'ils se hâtent de montrer eux-mêmes le
chemin ! Un délai d'un an leur est accordé pour consolider le
nouvel empire [2], mais à la condition formelle qu'une fois ce
délai passé, les efforts réunis de l'armée latine et des sujets de
Baudouin seront, sans retard, dirigés contre les Infidèles. Des
mesures nombreuses et pleines de sagesse, prises pour assurer par la confirmation, au moins conditionnelle, du pacte de
partage l'existence des nouvelles institutions [3], et pour organiser la vie religieuse de l'empire [4], venaient témoigner
d'avance de la sollicitude avec laquelle le Saint-Siége se
proposait de veiller sur les intérêts de l'empereur latin et des
croisés, pourvu que ceux-ci s'acquittassent enfin des obligations contractées en vertu de leur vœu de Terre sainte. Enfin
un légat spécial, Benoît de Sainte-Suzanne, partait de Rome,
chargé d'exécuter à Constantinople les ordres du Souverain
Pontife [5] : car Pierre Capuano s'était vu refuser l'autorisation
demandée par lui, dès la fin de l'année précédente, d'aller
retrouver les croisés [6], tant était encore vivace, chez Innocent, l'espoir que l'expédition contre les Infidèles, objet de
tous les désirs du Saint-Siége, allait enfin se réaliser.

C'est alors, vers la fin de juin, qu'arrivent successivement
à Rome, Conrad de Krosigk [7] et Soffredo Cajetani, légat spécial
du Saint-Siége en Terre sainte. Après avoir quitté, avec Pierre,
Capuano, le poste qui leur avait été confié à tous deux, Soffredo,
accompagné de Sicardi de Crémone, s'était arrêté à la cour de

M. de Wailly (Éclaircissements, p. 439). Cf. Gesta, nº 94, et Epist. VIII,
125, où Innocent III paraît surtout avoir été frappé de l'effet produit sur les
Infidèles par la prise de C. P. « Saphadinus..... postquam Constantinopoli-
« tanæ urbis captionem audivit, adeo cum omnibus Sarracenis indoluit, ut
« maluissent Hierusalem occupatam esse a christianis, quam Constantinopolim
« a Latinis. »

[1] Inn. III Epist., VIII, 69-72, et surtout VIII, 125.
[2] Id., ibid., VIII, 63. Ce délai est aussi spécifié dans VIII, 69, 125.
[3] Id., ibid., VI, 206, 207.
[4] Id., ibid., VIII, 70, 71.
[5] Inn. III Epist., VIII, 56 (M. Delisle, p. 406).
[6] Id., ibid., VII, 233.
[7] Conrad, débarqué à Venise le 28 mai 1205 avec Martin de Pairis (Chron.
Halberst., p. 75), était parti pour Rome, muni d'une lettre de recommandation des croisés, et s'y trouvait encore le 26 juin. (Inn. III Epist., VIII, 108.)
Cf. Winkelmann, pp. 358, 376.

8

Thessalonique, où il avait reçu l'abjuration de la reine Marguerite, femme de Boniface [1], et venait enfin donner au pape les premières informations verbales et circonstanciées qu'Innocent paraît avoir reçues des événements de Constantinople, depuis le départ de croisés.

C'est seulement alors que le pape apprend, tant des aveux de l'évêque de Halberstadt, que de ceux du légat, qu'il n'y a plus aucun espoir à entretenir à l'endroit de la Terre sainte; — que la défense du nouvel empire absorbe, et au delà, toutes les forces de la croisade; — que les Vénitiens ne se soumettront jamais à renoncer au monopole ecclésiastique qu'ils prétendent exercer en Romanie, et partant rendront impossible l'union réelle des deux églises, déjà compromise par les scandales et les profanations de la deuxième prise de la ville impériale [2]; —que Pierre Capuano, non content de ne point attendre l'autorisation du pape pour quitter son poste [3], s'est éloigné de la Syrie, dès le mois de novembre, emmenant avec lui tout ce que ce malheureux pays pouvait contenir de défenseurs valides; — qu'il s'est permis, de plus, contre les intentions formelles d'Innocent, non-seulement d'annuler toutes les censures encourues, soit pour le fait de Zara, soit pour le premier siége de Constantinople, mais encore de relever les croisés de leur vœu de Terre sainte [4], et de mettre ainsi fin, d'un seul coup, aux espérances du Saint-Siége. Enfin le malheureux légat est formellement accusé d'avoir conçu, dès l'origine, et longtemps dirigé le complot formé, en 1202, pour la restauration d'Alexis IV [5] : et cette accusation inouïe, c'est Boniface lui-même qui la formule dans une longue justification apportée à Rome par Soffredo [6], dont le roi de Thessalonique a su faire son avocat auprès du

[1] *Inn. III Epist.*, VIII, 134.
[2] *Id., ibid.*, VIII, 126.
[3] *Id., ibid.*, VII, 233. — Cette lettre, datée du 25 février 1205, répond négativement à la demande de Capuano, qui était déjà à C. P. en novembre 1204, puisque son compagnon, Sicardi de Crémone, y officia le samedi des Quatre-Temps de l'Avent (Sic. Crem., d. Murat., t. VII, col. 622).
[4] « Cum multitudo signatorum redire vellet ad propria, P. S. Marcelli presb. « card., *de quo valde dolemus*, ut ipsam multitudinem ad C. P[al] defensionem « imperii retineret, a voto crucis absolvit, plenam eis peccatorum remissionem « indulgens, qui per annum facerent ibi moram. » (*Inn. Epist.*, VIII, 125); cf. VIII, 126.
[5] « Quod autem illius adolescentis suscepisti ducatum, consilium fuit P. « S. Marc. presb. card., apostolicæ sedis legati. » (*Inn. III Epist.*, VIII, 133.)
[6] Reproduite d. *id., ibid.*

pape. Il faut lire la lettre qu'Innocent III, profondément [1] troublé par la ruine définitive de ses projets, et surtout par la découverte d'une trahison qu'il n'avait pu encore soupçonner, écrivit alors à Capuano, naguère comblé de ses faveurs [2], et devenu maintenant le bouc émissaire de ses illusions perdues. Rendu responsable de tous les faits qui se sont passés en son absence, mais dont, par un retour précipité à Constantinople, il vient d'accepter la complicité, aucun reproche ne lui est épargné [3] : il reçoit l'ordre de retourner d'abord à son poste, puis de venir aux pieds du Saint-Siége rendre compte de ses actions ; deux ans après, il va cacher obscurément une disgrâce que n'ont pu détourner ses présents, et, rentré dans Amalfi, sa ville natale, paraît ne plus songer qu'à racheter, par les trésors qu'il y répand en œuvres pieuses [4], tout ce qui, dans sa conduite passée, avait pu exciter l'indignation d'Innocent III.

Boniface, que la mort allait, du reste, enlever dix-huit mois plus tard à son nouveau royaume, n'est pas oublié non plus par le pape : malgré l'habileté avec laquelle il a su présenter sa défense, il reçoit de Rome une lettre, où toutes les excuses mises en avant par lui sont réfutées une à une : c'est Boniface, comme étant en 1204 le chef des croisés, qu'Innocent prend directement à partie, au sujet des abominations dont Constantinople a été le théâtre : il ne considère d'ailleurs, en aucune façon, le marquis comme délié du vœu de Terre sainte, et lui rappelle les censures sous le coup desquelles il doit rester, tant que ce vœu ne sera point accompli [5].

---

[1] « Nos quoque qua fronte de cetero populos Occidentis ad T. S. subsidium « poterimus invitare ? » (Epist. VIII, 126.)

[2] Il avait, avant de partir pour la Terre sainte, reçu du pape 2,000 marcs d'argent (Gesta, n° 88.)

[3] « Remansit ergo terra illa, recedentibus vobis, viris et viribus destituta, « et facta sunt novissima ejus, OCCASIONE VESTRA, pejora prioribus. »... — « Debueratis ergo... cogitare, quod non ad capiendum Constantinopolitanum « imperium, sed defendendas reliquias Terræ sanctæ, ac perdita restauranda, « vos duxerimus delegandos, mittentes vos non ad capessendas divitias « temporales, sed promerendas æternas. » (Epist. VIII, 126.)

[4] Ughelli, Italia sacra, t. VII, p. 206. Je ne veux faire ici aucune insinuation malveillante, mais sans parler des reliquaires précieux rapportés en si grand nombre par Capuano à Amalfi, il serait permis de demander à quelle source il avait puisé l'argent nécessaire à des fondations aussi considérables, puisqu'il était assez dénué de ressources avant son départ, pour avoir eu besoin de puiser pour ses frais de voyage dans la cassette pontificale (Gesta, n° 88 ; Epist. VIII, 126.)

[5] Inn. III Epist., VIII, 133.

Quant aux Vénitiens, le pape ne leur pardonne point ; leur attitude toujours arrogante provoque chez le pontife une sévérité qui ne se démentira pas pendant le reste du long règne d'Innocent : considérant comme nulle et arrachée par surprise l'absolution qu'il leur a donnée en 1205[1], il leur refuse désormais toute faveur ecclésiastique[2], ne cesse de leur tenir un langage indigné, soit à l'endroit de leur clergé de Romanie[3], soit au sujet du commerce de contrebande de guerre qu'ils continuent d'entretenir avec l'Egypte[4], et, en 1213, nous le voyons encore leur rappeler que le crime de Zara[5] attend leur repentir, et le vœu solennel fait par Dandolo son accomplissement obligatoire.

Innocent, d'ailleurs, même après l'issue malheureuse de ses premiers projets, n'était point homme à se décourager[6]. La quatrième croisade manquée, il s'était hâté d'en préparer une cinquième : déjà, en 1203, au moment des désertions de Venise et de Zara, il avait eu soin de réserver l'avenir, et de former — en refusant de relever de leurs vœux de Terre sainte tous ceux qui avaient quitté l'armée latine avant Corfou[7], ou étaient revenus de Constantinople sans aller en Syrie[8] — le noyau d'une expédition nouvelle ; seulement, cette fois, il se gardera de laisser les Vénitiens[9] se mêler aux affaires de la guerre sainte ; c'est à Brindes[10], ou à Ancône[11], que désormais seront convoqués les grands *passages d'Outremer*. Les dernières années du pontificat

---

[1] *Inn. III Epist.*, VII, 206, 207 (29 janvier 1205).

[2] *Id., ibid.*, VII, 200, et XII, 83.

[3] Ce ne fut que cinquante ans plus tard (1256) que Venise fiait par obtenir du Saint-Siège une demi-satisfaction à ce sujet (*Epist. Alexandri IV*, d. Tafel et Thomas, t. III, p. 16.)

[4] *Inn. III Epist.*, XII, 142.

[5] *Id., ibid.*, XVI, 91 ; cf. IX, 139.

[6] *Id., ibid.*, XVI, 35.

[7] « E quibus aliqui Romam petentes, vix a summo pontifice redeundi « licentiam impetrare, ea tamen conditione præfixa, ut, saltem post aliquot « annos, votum suæ peregrinationis exsolverint. » (Günther, n° 6.)

[8] C'est ainsi qu'Henri d'Ulmen, le dévastateur de Sainte-Sophie, repartit pour la cinquième croisade, et fut pris et mené au Caire. V. Cæs. Heist., *Dial. Mirac.* X, c. XLIII, t. II, p. 248 ; *Vita Engelberti*, p. 335.

[9] Une seule fois, en 1213, Innocent III a recours aux Vénitiens pour un transport de croisés : mais il ne s'agit que de la petite troupe de Grimaldo de Monte Silice, et la lettre de recommandation (XVI, 79) n'a guère que la valeur d'un banal passeport.

[10] Cf. Potthast, *Regesta*, n°s 5012, 5048.

[11] *Id.*, n° 5877.

d'Innocent seront remplies des soins que lui dictera son zèle,
pour réparer l'échec subi en 1203 par ses projets favoris, mais
il ne vivra pas assez longtemps pour voir enfin les armées de
la croix se diriger vers l'Orient, et chercher à réaliser, en attaquant l'Egypte, les projets mis à néant, en 1203, par les
secrètes menées de Philippe de Souabe.

Pour le roi des Romains, qui, comme le dit si bien Hurter [1], n'a
cessé d'être l'âme de l'expédition dirigée contre Byzance, si
Conrad de Krosigk, au-devant duquel son impatience lui avait
fait dépêcher un messager spécial [2], ne lui a rapporté de Constantinople d'autre nouvelle que celle de la ruine du plan si laborieusement combiné en 1202, — si Boniface lui-même paraît
avoir oublié son maître et son complice au point de lui offrir,
pour toute part dans la conquête de Constantinople, la personne gênante d'Alexis III tombée au pouvoir des Latins [3], —
si enfin lui-même n'a recueilli, en Orient, de sa persévérante
politique, que la maigre satisfaction des vengeances matérielles
exercées par Boniface et les Allemands [4] sur le pays qui avait
fait si mauvais accueil aux empereurs Conrad et Frédéric, —
il a trouvé, du moins, dans le changement de direction de la
quatrième croisade, ce qu'il y cherchait avant tout : une diversion efficace dans la lutte entretenue avec Innocent III, et un
amoindrissement de l'autorité du pontife. En 1207, ce n'est
plus Philippe qui soumet à Rome d'humbles promesses,
portées par de timides et obscurs messagers ; c'est le pape qui
en vient à sacrifier, de lui-même, ses antipathies à l'espoir
d'une intervention allemande en Terre sainte [5], ce sont les
légats pontificaux qui se rendent à Nordhausen pour réconcilier avec l'Église le roi des Romains [6]. Othon touche à sa

[1] Hurter, t. I, p. 765.
[2] Chron. Halb., p. 75.
[3] Nicetas, p. 819 ; Alexis III ne fut pas conduit plus loin que Montferrat.
[4] Je ne parle pas des revendications qu'il paraît avoir exercées sur le butin
rapporté de C. P., — butin qu'il considérait comme lui appartenant de plein
droit; l'abbé de Pairis (Günther, n° 25) fut obligé de lui abandonner le joyau
de son trésor, et ce ne fut qu'à ce prix que le roi des Romains renonça à ses
prétentions sur le reste « quicquid iuris super hoc habere sperabat resi-
« gnavit. » (Analyse d'une charte perdue de 1206, dans l'Inventarium Pari-
siense de 1519, Archives de Colmar, communiquée par M. le docteur Pfan-
nenschmidt.)
[5] Voir la charte de Philippe (15 octobre 1203) d. Martène, Thes. Anecd., t. I,
col. 805; Pertz, Leges, t. II, p. 213.
[6] Inn. III Epist., Regest. Imper., n° 143. V. Winkelmann, pp. 425, 431-2.

ruine complète, et, au moment où la hache de Conrad de
Wittelspach va brusquement trancher les jours de Philippe
victorieux[1], il semble que le futur empereur, certain désormais de ne plus se voir disputer l'Allemagne, ait repris ses
rêves d'autrefois au sujet de Byzance; car c'est quelques mois
seulement avant sa mort imprévue, que, refusant aux ambassadeurs d'Henri Ier la main de sa fille — cette même Béatrix
dont le comte palatin se préparait à lui faire payer si cruel-
lement les dédains, — il a l'audace de traiter d'usurpateur le
frère de Baudouin, et de faire encore parade de la naissance
auguste et des droits impériaux d'Irène[2].

APPENDICE.

Karl Hopf
et
l'entente
de Venise avec
l'Égypte.

En cherchant à établir plus haut[3] — et plutôt au détriment
qu'en faveur de la thèse que je me proposais de soutenir —
la réalité d'une entente entre Venise et Malek-Adel, je me
suis contenté d'invoquer, comme tranchant la question, le
témoignage d'un érudit d'Outre-Rhin, de Karl Hopf. Ce
témoignage était, il est vrai, en raison même de la nature

[1] Le 21 juin 1208.
[2] « Fuit quoque uxor Othonis, ex filia Isaaci, imperatoris Græcorum, unde
« Philippus, dux Suevorum, dum viveret, ab Henrico, imperatore Constantino-
« politano, requisitus ut filiam suam ei mitteret uxorem, respondit : *Putavitne*
« *advena ille, solo nomine imperator, filiam habere uxorem, ex utraque parte*
« *ex imperatoria stirpe editam, cui etiam Orientale et Occidentale imperium*
« *debetur jure parentum?* — Post paululum subridens ait : *Verum, si me*
« *imperatorem Romanum, dominum suum, velit recognoscere, mittam hæredem*
« *imperii illi in uxorem.* Nuntiis ei respondentibus se domini sui voluntatem
« nescire, res est indutiata. » (*Chron. anon. Laudun.*, d. D. Bouq., t. XVIII,
p. 714.) C'est, je pense, M. O. Abel (*König Philipp.*, p. 201) qui a le premier
attiré l'attention sur ce curieux texte, dont il faut rapprocher les premiers
chapitres du *Livre de Baudouyn* (Ed. Serrure et Voisin, Bruxelles, 1836, in-8).
Henri Ier avait épousé, le 4 février 1207, Agnès de Montferrat, mariage
arrangé *depuis longtemps* (Villeh., n°s 450, 457-458). L'impératrice mourut
presque aussitôt (Clari, p. 85), probablement en couches de l'enfant qu'elle
portait un peu avant la mort de son père, juillet 1207 (Villeh., n° 496).
Le 6 janvier 1209, Henri épouse en secondes noces Marie, cousine de Borilas,
roi de Bulgarie ; c'est donc entre juillet 1207 et janvier 1209, que doit se
placer l'ambassade dont parle le *Chron. anon. Laudun.*, et peut-être après
la diète de Nordhausen, où figurèrent (14 septembre 1207) des envoyés d'Outremer : « ex omni parte universorum catholicorum hominum,. in trans-
« marinis partibus degentium. » (Martène, *Thes. Anecd.*, t. I, col. 805; Pertz,
Monum. Germ., Leges, t. II, p. 213.)
[3] P. 15.

du recueil auquel je l'avais emprunté, dépourvu du contrôle d'un renvoi direct aux sources contemporaines. Mais l'autorité incontestable de Hopf me paraissait pouvoir amplement suppléer — pour un point incident de la discussion générale que j'abordais — à toute autre garantie. Je nourrissais d'ailleurs l'espoir de toucher bientôt du doigt, dans les papiers mêmes du savant allemand, et de publier ensuite la preuve matérielle de son assertion. Le détenteur actuel de ces papiers n'a voulu me permettre, ni de rendre cet hommage posthume à l'exactitude historique de mon devancier, ni même de m'assurer si la collection considérable de copies de chartes relatives au moyen âge grec, — collection formée par Hopf pendant treize années de voyages littéraires, — contenait ou non la preuve matérielle en question. Mais s'il me faut renoncer à retrouver, à bref délai, le document mis à profit par l'auteur de la *Grèce au Moyen Age*, il me reste la ressource de soumettre à un examen critique, le texte si affirmatif auquel je me suis référé plus haut, et à chercher à satisfaire indirectement la curiosité qu'il a pu provoquer.

Je commencerai par le reproduire *in extenso*. Après avoir conduit les croisés au Lido, le savant historien s'exprime ainsi :

« La terreur succéda aux récentes espérances : de fâcheuses rumeurs se répandirent. On disait que Malek-Adel venait d'envoyer à Dandolo et aux seigneurs marchands de Venise, une ambassade chargée de riches présents, pour leur offrir un traité de commerce avantageux, à la condition de détourner de l'Égypte l'expédition projetée. On commençait à soupçonner un piége : on entrevoyait le moment où, liés par leur pacte, pressés par leur pénurie, les croisés devraient mettre au service de profanes convoitises, des bras consacrés aux choses de Dieu, et peut-être même combattre des peuples chrétiens. Ces rumeurs étaient-elles fondées ? une fausse alarme ne s'était-elle point au contraire emparée de ces âmes inconscientes ?

« NOUS SOMMES EN MESURE *d'éclaircir*, UNE FOIS POUR TOUTES, *ce point obscur*. Aussitôt Venise engagée envers les barons de France à organiser une croisade contre Malek-Adel, Marino Dandolo et Domenico Michiel, avaient été envoyés en ambassade au Caire, (peut-être sur l'invitation même du sultan), avaient été reçus par ce dernier avec les plus grandes prévenances, et s'étaient trouvés bientôt d'accord avec lui.

« Le doge s'était déclaré l'ami véritable et sincère, et l'allié dévoué, sans fraude ni malice, de l'Ayoubite. Tandis que les croisés se morfondaient au Lido, attendant l'heure où ils pourraient se mesurer avec les Infidèles, les ambassadeurs *avaient réellement conclu, le 13 mai 1202, le traité* en question. Ce pacte assurait aux Vénitiens, outre de nombreux priviléges, un quartier et ses dépendances à Alexandrie, et aux pèlerins qui visiteraient, avec eux, le Saint Sépulcre, toute sûreté pour leurs corps et leurs biens. Comme il fallait que le traité fût ratifié, l'émir Sead-Eddin avait été envoyé à Venise : *les avantages accordés par le sultan décidaient ainsi du sort de la croisade[1].* »

Il est évident que, par ce texte même, Hopf affirme implicitement s'être servi de documents qui établissent :

1° L'envoi au Caire, avant le 13 mai 1202, de Marino Dandolo et de Domenico Michiel, et à Venise, après cette date, de Sead-Eddin ;

2° La conclusion au Caire, le 13 mai 1202, d'un traité de commerce entre Venise et l'Égypte ;

3° L'existence de protestations d'amitié du doge envers le sultan ;

4° L'octroi, par ce dernier, de priviléges commerciaux pour

---

[1] « Furcht wechselte mit neuer Hoffnung : böse Gerüchte erzählten, wie « Sultan Malek el Adil Gesandte mit reichen Geschenken an Dandolo und die « Kaufherren Venedigs geschickt, und diesen einen vortheilhaften Handels- « vertrag angeboten, falls sie das Unternehmen von Ægypten ablenkten. « Schon gab sich die Besorgniss kund, dass man in eine Falle gerathen, und « vielleicht bald durch das Wort gebunden, durch die Noth gezwungen, den « Arm, den man der heiligen Sache geweiht, profanen Gelüsten leihen müsse « vielleicht gar den Kampfe gegen christliche Völker. Waren diese Gerüchte « wirklich begründet, der war es ein panischer Schrecken, der sich der unge- « wissen Gemüther bemeisterte?
« Wir sind in Stande, *diesen dunkeln Punkt endlich aufzuhellen*. Bald « nachdem sich Venedig mit den Baronen Frankreichs zum Kreuzzüge gegen « Malek el Adil verbündet, waren vielleicht in Folge einer von diesem an « Venedig gerichteten Einladung, Marino Dandolo und Domenico Michieli, als « Botschafter nach Cairo gegangen, vom dem Sultan mit höchster Zuvorkom- « menheit empfangen, und bald Handels einig geworden.
« Der Doge hatte erklärt, er sei dem Eyubiden, ein treuer, redliche, « Freund, und ihm, sonder Trug und Tücke, von ganzem Herzen zugethan. « Während die Kreuzfahrer sehnsüchtig auf dem Lido der Stunde harrten « da zum Kampfe gegen die Ungläubigen ausgezogen werden solle, hatten die « Gesandten *am 13 mai 1202 wirklich den fraglieen Handelsvertrag abge-* « *schlossen*, der ihnen, ausser vielen Privilegien, ein eigenes Quartier nebst « Zubehör in Alexandria garantirte, den Pilgern aber, die mit den Venetia- « nera zum Heiligen Grabe wallten, Sicherheit für Leib und Gut verhiess. « Damit der Vertrag ratificirt würde, ward der Emir Seadeddin nach Vene- « dig gesandt : die günstigen Bedingungen, die Adil verhiess, entschieden « das Loos des Kreuzzuges. »

les Vénitiens, et de priviléges religieux pour les pèlerins transportés par ceux-ci.

Or ces quatre points — sauf la date, *13 mai 1202*, le prénom de Michiel (*Domenico*, au lieu de *Pietro*), et le nom de l'émir (*Sead-Eddin* au lieu de *Faid-Eddin*) — nous sont fournis, dans des termes identiques, par les traités *non datés*, publiés dans Tafel et Thomas[1], traités dont j'ai parlé plus haut[2].

Or, pour rendre compte de cette coïncidence singulière, il n'est possible de discuter que l'une des trois hypothèses suivantes :

A. — Ou bien Hopf a eu sous les yeux un ou plusieurs traités, *différents des pactes non datés* donnés par Tafel et Thomas.

B. — Ou il s'est servi de ces pactes mêmes, mais d'après un autre manuscrit que le *Liber pactorum*, consulté par ces derniers — manuscrit donnant une date certaine, et des variantes de noms propres.

C. — Ou enfin il s'est tout simplement servi du texte de Tafel et Thomas, et a réussi, à l'aide de rapprochements chronologiques ou d'inductions personnelles, à en fixer la date précise, et à les appliquer à la défense de l'opinion qu'il soutenait.

Examinons successivement ces trois hypothèses, en en écartant, bien entendu, une quatrième, qui consisterait à supposer que, pour les besoins de la cause, Hopf aurait tout simplement inventé cette date du *13 mai 1202* : l'auteur de tant de consciencieux travaux est au-dessus d'un pareil soupçon.

La première hypothèse est difficile à admettre : les pièces officielles relatives aux rapports des chrétiens avec les Arabes au XIIe et au XIIIe siècle sont rares : la découverte d'un document inédit de cette importance eût ému trop vivement le cercle de ceux qu'intéressent ces études, pour avoir pu être ainsi gardée sous le boisseau : or aucun des savants qui se sont occupés de ces questions en France, en Allemagne ou en Italie, n'a la plus vague notion de l'existence d'un document de ce genre.

La seconde hypothèse est beaucoup plus plausible : il ne manque pas en Europe de copies, même anciennes, des registres diplomatiques de Venise ; la Bibliothèque royale de Copenhague[3] possède ainsi un exemplaire, copié au XVe siècle,

[1] T. II, pp. 184-193.
[2] P. 15.
[3] Lat. n° 2160; les Mss. lat. D, II, 21, et I, IV, 7 de Turin, et 981 de la Bodléienne contiennent des recueils analogues.

d'un des *Libri Pactorum*. On n'a pas, jusqu'à présent, attaché une très-grande importance à ces manuscrits, qui ne contiennent que des textes, déjà publiés sur les registres vénitiens eux-mêmes. Ces derniers pourtant pourraient être l'objet de corrections utiles : je n'en veux pour preuve que la leçon *fratri* pour *patri* dans la *Refutatio Cretæ*, leçon dont j'ai fait usage plus haut. Hopf, érudit très-soigneux, a donc pu parfaitement relever (comme il en avait l'habitude), sur les marges mêmes de son propre exemplaire de Tafel et Thomas, les variantes de quelque copie plus complète et plus correcte des *documents non datés*. Malheureusement ici la vérification est encore impossible : vendue en bloc à son décès, la bibliothèque de Hopf a passé entre les mains d'un amateur inconnu. Je ne puis donc raisonner que dans la troisième hypothèse, et chercher à refaire *à priori* le travail de critique auquel Hopf aurait pu se livrer, pour faire remonter au 13 mai 1202, les pactes non datés de Tafel et Thomas.

Si, plus tard, les papiers ou les livres du savant historien viennent à prouver que la seconde hypothèse est, au contraire, la seule exacte, et qu'il a eu réellement entre les mains un texte différent de celui des *Libri Pactorum*, et en même temps plus correct, mon travail servira à prouver, une fois de plus, que les manuscrits de Venise ont besoin de contrôle.

Si, au contraire, l'on vient à prouver que Hopf ne s'est réellement servi que du texte de Tafel et Thomas, il pourra être intéressant de constater si c'est à l'aide des mêmes inductions qu'il est arrivé aux mêmes résultats que moi.

Les traités publiés par Tafel et Thomas sont au nombre de six. Les deux derniers doivent être séparés des autres; ils n'offrent point le même caractère, et, au lieu d'être conclus avec un doge anonyme, portent formellement le nom de Pierre Ziani. L'un est daté du 7 de safar, l'autre du 17 mars, et, comme ils paraissent rédigés en même temps, il semble qu'il doive être facile d'en déterminer la date, en établissant la concordance entre le jour musulman et le jour latin. Mais pendant la période commune au règne de Malek-Adel (1200-1218), et au dogat de Pierre Ziani (1205-1229), le 7 de safar n'est pas tombé en mars; ce n'est qu'en 1222-1224, après la mort de Malek-Adel, que l'on observe cette coïncidence. Il faut donc recourir à l'une de ces corrections que nécessitent si fréquemment les versions latines des chartes de ce genre, et lire *mensis madij* au lieu de *mensis martij* : on tombe alors précisément sur l'année 1217, où le 7 de safar correspond, à un jour près, au 17 mai, et, une fois cette correction admise, rien n'est plus naturel que de laisser ces deux traités au rang chronologique que leur ont assigné les éditeurs de Vienne, — rang où ils continueront seuls à jouer, dans la discussion que j'ai abordée plus haut, le rôle que j'avais cru devoir assigner *à l'ensemble des six documents non datés* : ils prouveront qu'à la veille de la cinquième croisade, Venise répéta, sans scrupule, les trahisons qui précédèrent la quatrième, tout en agissant avec plus de prudence encore que la première fois, puisqu'ici c'est un turcopole obscur qui remplace, comme ambassadeur de la République, les deux patriciens des premiers traités.

Je me hâte, du reste, d'arriver à ceux-ci : ils se suivent et se complètent, et (bien que le second ne donne aucune indication de mois) ont dû être signés ensemble, le 19 de schaban, date que le premier de tous identifie avec un jour indéterminé du mois de mars. Le second traité [1], ainsi que l'ont fait remarquer avec juste raison Tafel et Thomas, porte en outre avec lui la preuve qu'il a été, ainsi que les trois autres, conclu au moment même où les Vénitiens se préparaient à transporter en Orient un grand nombre de pèlerins, — le sultan accordant à ces pèlerins, dès l'instant que leur voyage perdait tout caractère agressif, la libre entrée des Lieux saints [2]; la date d'année doit donc en être cherchée immédiatement avant la quatrième ou la cinquième croisade.

Or Malek-Adel a régné en Égypte, de juillet-août 1200 au 31 août 1218; pendant cette période, le 19 de schaban est tombé en mars trois fois :

> Le 31, en 1206 ;
> Le 21, en 1207 ;
> Le 9, en 1208.

Mais à aucune de ces trois années ne correspond un *passage* quelconque de pèlerins transportés par les Vénitiens; de plus, Marino Dandolo, neveu du doge Henri, et qui avait pris part à la quatrième croisade, était occupé, en 1206 et 1207, à la con-

---

[1] P. 187.
[2] « Omnes qui vadunt in peregrinatum ad sanctum sepulchrum cum Veneticis, sint salvi et securi in personis et rebus. »

quête de l'île d'Andros, dont il devint alors seigneur [1], et ce fait est affirmé par tous les chroniqueurs contemporains [2]. En 1207, il revenait à Venise siéger momentanément dans les conseils de la République [3], et était, l'année suivante, avec Roger Premarino, envoyé en ambassade, non en Égypte, mais auprès d'Othon de Brunswick [4].

A la même époque, Pietro Michiel s'occupait de la conquête de Corfou, dont il avait été inféodé en juillet 1207 [5].

. Toutes ces difficultés tombent, au contraire, si l'on fait ici, encore une fois, la correction *madij* pour *martij* : l'on obtient alors pour le 19 de schaban les trois dates :

1201, 25 mai ;
1202, 14 mai ;
1203, 4 mai.

La dernière tombe en pleine croisade, et ne saurait offrir aucune probabilité.

La première est trop voisine de la conclusion du pacte de nolis (fin avril 1201), pour que Marino Dandolo — qui, en qualité de membre du grand conseil, avait dû prendre part à la signature de ce pacte — ait eu le temps de se trouver, un mois après, au Caire.

Reste donc la seconde, *14 mai 1202*, qui est (à un jour près) celle donnée par Hopf, et, en somme, la seule admissible. Il n'y a plus alors qu'à expliquer cette substitution du *13* au *14 mai*, et du prénom de *Domenico* à celui de *Pietro*. Ces deux variantes sont-elles le fait du copiste du manuscrit hypothétique qu'aurait consulté l'historien allemand ? sont-elles dues, au contraire, à l'historien lui-même ? La réponse à ces questions se trouve évidemment dans les papiers de Hopf, qu'une connaissance profonde de l'histoire des dynasties de l'Archipel, avait dû mettre à même de pousser, bien plus loin que je ne viens de le faire, les inductions fournies par les noms de Marino Dandolo et de Pietro Michiel.

[1] Andreas Dandulus, d. Muratori, t. XII, col. 334.
[2] Voir Hopf, *Geschichte der Insel Andros*, p. 36.
[3] Tafel et Thomas, t. II, p. 49.
[4] And. Dandulus, p. 335 ; Hopf, *Op. cit.*, p. 37.
[5] Tafel et Thomas, t. II, p. 54.

Le Mans. — Imprimerie Ed. Monnoyer, place des Jacobins.